# Le secret de la longévité

Sang Whang

# Le secret de la longévité

## Comment inverser le processus de vieillissement

*Traduit de l'américain par Claude Badens*

Alphée

Jean-Paul Bertrand

www.editions-alphee.com

Titre original : *Reverse Aging : Not Science Fiction, but a Scientific fact !*



EAN 978 2 7538 0337 4

# Dédicace

*L*E 27 DÉCEMBRE 1984, *mon père, le Révérend Andrew Whang, en visite en Corée, mourut dans les studios de radiodiffusion de la* Far East Christian Broadcasting Company *à Séoul, en pleine interview, alors qu'il était enregistré pour une diffusion ultérieure vers la Corée du Nord. Il avait 78 ans.*

*Il avait déjà fait plusieurs enregistrements dans ce studio. Cette fois-là, il parlait de la longévité. L'animateur était en train de complimenter mon père sur sa forme physique compte tenu de son âge et de lui demander quel était son secret.*

*Celui-ci lui avait répondu : « Mon secret ? Je vais vous le dire : Eh bien, ahh… ». Quelques secondes plus tard, la speakerine avait murmuré : « oh, mon Dieu ! » et cela avait été la fin de la bande. Il avait eu un malaise et ne s'en était pas relevé. Je n'ai jamais su ce qu'il avait voulu dire. Qu'il repose en paix !*

*C'est à moi qu'il a laissé la lourde tâche de parler au monde entier de la santé, de la longévité, de la vieillesse et de la façon d'inverser le processus de vieillissement.*

Sang Whang

# Remerciements

*IL Y A BEAUCOUP de personnes à qui je dois des remerciements pour m'avoir permis d'écrire ce livre.*

*Tout d'abord, ma femme : sans son amour, son aide, sa patience, je n'aurais jamais pu arriver à bout de cette œuvre. Elle m'a fait des litres et des litres d'eau alcaline et en a aussi fait boire à nos voisins pour leur santé.*

*Ensuite, mon fils Peter, qui m'a grandement aidé à la mise en oeuvre de mon ordinateur et des logiciels de traitement de texte pour me faciliter l'écriture. Mais comment faisaient-ils donc, avant cette merveilleuse invention, ceux qui voulaient écrire un livre ? J'ai le plus profond respect pour leur ténacité.*

*Puis ma fille Jeanne Joiner qui, malgré son emploi du temps chargé avec ses trois enfants, a mis en forme mon anglais pour que tout le monde puisse comprendre ce que je voulais dire.*

*Nombre de mes amis qui croyaient en moi ont essayé l'eau alcaline et m'ont informé de leurs constatations positives. Ils m'ont encouragé à écrire ce livre, et parmi eux je pense tout particulièrement à une amie très spéciale, Mademoiselle Thérèse Kim, qui m'a initié à l'ioniseur d'eau et a ouvert un tout nouveau monde de santé, de longévité et de bonheur pour moi. Le bonheur, c'est de vivre sur du temps emprunté.*

*Enfin, et non des moindres, je salue M. Sangik Park qui m'a fourni les outils et l'équipement indispensables pour me permettre de poursuivre mes expériences. Sans sa générosité, ce livre ne serait pas là aujourd'hui.*

*Je remercie également mon éditeur Jean-Paul Bertrand, qui s'est battu pour obtenir les droits de publication en français de mon livre, et mon traducteur Claude Badens qui a su rendre toutes mes idées accessibles à un large public francophone. Merci à toute l'équipe française !*

# Préface

L'UN DES DÉSIRS universels de l'homme est de vivre longtemps en bonne santé. La vie est le don le plus précieux de Dieu.

Le siècle qui vient de s'achever a vu de nombreux progrès scientifiques et technologiques. À l'aube du vingtième siècle l'homme a appris à voler dans les airs. Avant la fin de celui-ci, il savait déjà aller dans la lune. N'était-il pas raisonnable de penser qu'en ce siècle de progrès la science serait à même de découvrir la technologie de l'inversion du processus de vieillissement ?

Eh bien ! C'est chose faite.

Le but de ce livre est d'enseigner aux gens intelligents à l'esprit ouvert les méthodes faciles à appliquer permettant de combattre le vieillissement et de vivre longtemps en bonne santé. Le phénomène du vieillissement est lent et imperceptible, son inversion également. Il est donc important d'en comprendre les principes et d'en suivre les procédures « religieusement ». C'est plus simple que le régime et l'exercice, et je peux vous assurer que vous en verrez les effets en un an si vous persistez tous les jours. Tout ce qui agit trop vite a des effets secondaires parce que ce n'est pas naturel.

Je suis ingénieur, scientifique et inventeur de plusieurs brevets américains. Mes spécialités couvrent de multiples domaines tels que l'eau, la chimie, les modems de communication, les filtres électroniques, les caractéristiques des lignes téléphoniques, les instruments de mesure de la cornée, les lentilles de contact souples à focales multiples, etc. Le secret du succès de mes inventions, c'est que je ne considère pas les problèmes sous un angle conventionnel. Si nous étudions les questions d'une manière traditionnelle, nous nous heurtons immanquablement à la même impasse.

J'ai analysé les questions de santé et de longévité non pas du point de vue strictement médical et biologique, mais de celui de la chimie et de la physique. J'ai étudié plusieurs résultats de recherches faites au Japon et en

Allemagne, et je les ai traduits mentalement en termes de chimie et de physique.

En tant que consultant de grandes sociétés japonaises, j'ai fait une constatation intéressante. Les Japonais traduisent dans leur langue la plupart des travaux de recherches publiés en anglais tandis que nous, nous traduisons en anglais moins de 10 % des rapports de recherches japonais, passant ainsi à côté d'une quantité de ce qu'ils font. Par chance, je parle, lis et écris le Japonais, le Coréen et l'Anglais.

Vous trouverez dans ce livre une nouvelle approche toute fraîche de la santé et des problèmes de sénescence expliqués en termes scientifiques simples à comprendre. J'y décris également certaines des approches conventionnelles aux problèmes de santé et de longévité traduites sous l'angle de la science. Vous découvrirez nombre de faits scientifiques intéressants sur la vie et l'environnement naturel, que vous n'aviez jamais eu l'occasion de connaître.

# Introduction

En décembre 1986, en Virginie, une de mes amies me montra le fonctionnement d'un ioniseur d'eau appelé « Super Ion-Q ». Elle m'expliqua que l'eau alcaline de cet ioniseur ferait baisser ma tension excessive si j'en consommais cinq verres par jour. En ce temps-là, je prenais 20 mg de Vasotec pour maintenir ma pression artérielle à environ 140/90 mm Hg (une tension de 14/9). Le Vasotec était mon troisième essai de pilule régulatrice de tension artérielle. Il avait fallu que le docteur me les change deux fois à cause des effets secondaires. Je n'ai jamais apprécié l'idée d'avoir à prendre des cachets « pour le reste de ma vie ». C'étaient ses propres mots lorsqu'il m'avait prescrit ces médicaments.

Mon amie n'était pas certaine que cela ferait baisser ma propre pression artérielle, mais elle en avait constaté l'efficacité sur plusieurs autres personnes. Ne mettant pas en doute sa sincérité et sachant qu'elle était infirmière diplômée, j'ai acheté l'ioniseur et je me suis mis à boire de l'eau alcaline à fort pH et à contrôler ma tension. À mesure que la tension diminuait, je réduisais ma prise de Vasotec. Au bout de 6 semaines, j'ai totalement supprimé le Vasotec. La pression était tombée à 130/85 (une tension de 13/8,5) sans aucune pilule. J'étais transporté de joie, mais en même temps, j'étais pris d'un doute : et si c'était simplement un effet placebo plutôt qu'un fait scientifique ? Étant ingénieur, je savais exactement comment l'ioniseur produisait au choix de l'eau acide ou de l'eau alcaline. L'eau du robinet avait une valeur de pH de 8,6 ; les eaux acide ou alcaline de l'ioniseur avaient des valeurs de pH de 10, 3 et 3,8 respectivement. La question qui se posait était de savoir pourquoi une eau possédant un pH élevé faisait baisser la pression artérielle.

C'est là que je commençai mon étude. Au départ, elle était basée sur la littérature disponible chez les fabricants d'ioniseurs. Elle était en Coréen. Ceci me mena aux travaux effectués par des docteurs japonais, soit écrits en Japonais, soit traduits en Coréen. Mon étude me conduisit à différentes sortes de dispositifs d'amélioration de la santé inventés au Japon dont la plupart étaient approuvés par le Ministère de la santé publique japonais.

Qui plus est, j'ai perdu environ 10 kilos en deux ans, sans régime ni exercices particuliers. Il m'a fallu rétrécir la taille de mes pantalons de près de 5 cm. Des vêtements que j'avais achetés il y a une quinzaine d'années m'allaient parfaitement. J'ai constaté dernièrement que ma vue s'améliorait. J'ai vu aussi d'autres personnes dont la santé et la silhouette s'amélioraient sans régime ni exercices, simplement en buvant de l'eau alcaline ou en utilisant d'autres appareils de santé développés au Japon.

Résultat : j'ai découvert les mécanismes du processus de vieillissement, le pourquoi et le comment de la sénescence, et en même temps, je fus enchanté de découvrir qu'il était possible d'inverser ce processus. Lorsqu'un scientifique rencontre un nouveau phénomène, il essaie de l'expliquer en faisant usage de théories connues. Quand ces théories ne sont pas aptes à expliquer le phénomène, une nouvelle hypothèse est formulée pour voir si elle peut l'expliquer. Si plusieurs phénomènes physiques tombent dans le cadre de cette hypothèse, celle-ci devient une nouvelle théorie.

Dans ce livre, ma théorie concernant la vieillesse et l'inversion du processus de vieillissement est exposée en détails. Cette théorie scientifique est mise en application pour expliquer non seulement le processus du vieillissement, mais également de nombreuses maladies d'adultes telles que le cancer, l'arthrose, la goutte, l'ostéoporose, l'obésité, l'artériosclérose, le diabète, etc. Cette théorie fondamentale peut expliquer de nombreux phénomènes pour lesquels nous ne disposions auparavant d'aucune explication.

# 1

# *Le mystère de la vie et du vieillissement*

MON INTÉRÊT scientifique pour le sujet de « la vie » a commencé au début des années 1970 alors que j'étudiais les effets du détecteur de mensonge de M. Bakster sur les plantes.

### *La découverte de Bakster*

Le 2 février 1966, M. Bakster, ancien expert polygraphe de la CIA, découvrit par hasard qu'une plante pouvait lire l'esprit humain et que cela pouvait être prouvé à l'aide d'un détecteur de mensonge. J'avais déjà entendu dire que certaines personnes étaient capables de communiquer avec les plantes mais jamais que l'on pouvait le constater sur un instrument.

M. Bakster était en train d'arroser sa plante de bureau ce jour-là et désirait savoir combien de temps il fallait pour que l'eau atteigne telle feuille en particulier. Comme le détecteur de mensonge est apte à mesurer la conductivité de surface de la peau humaine, il connecta la partie du détecteur destinée à cette mesure à la feuille en question pour dresser un graphique de ses variations de conductivité. Il s'attendait à une croissance progressive de la conductivité à mesure que la feuille recevrait l'humidité pompée par la racine.

## *Communication avec une plante*

À l'inverse de ce qu'il attendait, le résultat fut une décroissance de la conductivité ; et ce qui le surprit le plus fut que, globalement, la trace laissée ressemblait à celle d'un échantillon humain. Une série complète de tests fut entreprise à partir de ce moment-là et les résultats furent publiés dans le Journal international de parapsychologie, volume X, numéro 4, hiver 1968. Le résultat, c'est que non seulement les plantes peuvent lire l'esprit humain, mais elles sont aussi à même de ressentir la détresse émotionnelle d'autres organismes vivants tels que l'artémie, petite crevette vivant dans l'eau salée.

À la suite de cette première expérience de Bakster, de nombreux chercheurs ont procédé à des tests semblables. Ils ont appris que nous paraissons mieux communiquer avec les plantes en termes d'images plutôt que de mots. Je suppose qu'elles ne comprennent aucun langage en particulier. Il semble également que nous communiquions mieux lorsque nous abaissons nos fréquences d'ondes cérébrales au niveau alpha entre 8 et 16 hertz (cycles par seconde), fréquence que nous atteignons plus facilement les yeux fermés en attitude de relaxation. Peut-être est-ce la raison pour laquelle nous fermons les yeux pour mieux communiquer lorsque nous prions.

J'étais en ce temps-là Vice-président de la recherche d'une grande firme de communication électronique au sud de la Floride et je m'intéressais à une possible utilisation des plantes pour détecter les pirates de l'air potentiels. Le projet ne prit jamais corps du fait de manque de fonds ; cependant, les premières études faites en la matière permirent de réaliser certains faits intéressants concernant les cellules vivantes et leur intelligence locale.

Nous sommes tous issus d'une cellule unique à un noyau, à l'intérieur duquel se trouve l'ADN et les chromosomes que nous recevons de nos parents. Cette cellule unique croît en nombre en se divisant en 2, puis 4, 8, 16, 32, etc. Il est intéressant de noter que toutes les cellules d'un même corps humain ont le même ADN et les mêmes chromosomes au point qu'il est plus facile d'identifier une personne par l'analyse de son ADN que par ses empreintes digitales.

## *Les cellules sont intelligentes*

Ce qui est surprenant, c'est que ces cellules dont l'ADN est identique produisent des organes différents dans le corps humain suivant l'endroit où elles se situent : elles produisent des cheveux sur votre tête tout en fabriquant des ongles au bout de vos doigts. On peut le voir d'une autre façon : toutes les cellules du corps, ayant le même ADN que la cellule unique d'origine, ont suffisamment d'informations pour créer *toutes les parties* de votre corps, os, peau, dents, yeux, cœur, sang, etc.

Si vous vous coupez, les cellules sous-cutanées créent de la peau pour vous réparer. Mais lorsque celle-ci reprend son aspect d'origine, les cellules savent d'une manière ou d'une autre s'arrêter de se développer. Cela signifie qu'il y a une sorte d'intelligence locale dans chaque cellule qui lui dit de ne pas fabriquer ce qui n'appartient pas à cet endroit précis, bien qu'elle ait la capacité de tout faire dans un même corps. Cette suppression de capacité demande beaucoup plus d'intelligence que l'aptitude à créer.

Les cellules malignes de cancer peuvent être considérées comme des entités qui ont perdu cette intelligence. Elles font pousser des choses qui n'appartiennent pas à l'endroit où elles sont. Ce concept soulève plusieurs questions dignes d'intérêt.

– Comment perdent-elles leur intelligence ?

– Pouvons-nous la leur restituer ?

– Si notre esprit peut communiquer avec les plantes, peut-il également le faire avec les cellules humaines ?

Nous ne possédons pas encore les réponses à toutes ces questions, mais les deux premières sont cependant dès aujourd'hui à notre portée.

## *Le début du développement du corps*

D'une cellule unique, le corps humain se développe progressivement et en bon ordre. Il ne se développe pas dans le vide. Afin pour une cellule d'entamer le processus de mitose, de se dupliquer pour se multiplier, il faut qu'elle duplique également chaque chromosome. Dans ce but, il doit y avoir suffisamment de protéines et d'acides aminés dans la cellule pour créer les copies de chromosomes. Les cellules de l'embryon reçoivent ces éléments nutritifs et de l'oxygène du ventre de la mère par le cordon ombilical.

Le sang de la mère ne circule pas directement dans le corps du bébé ; seuls les éléments nécessaires, les minéraux et l'oxygène lui sont transférés par le cordon. Et c'est le propre sang du bébé qui les véhicule à travers son corps. Malheureusement, s'il y a des substances toxiques dans le sang maternel, elles peuvent également être transférées à l'enfant par le cordon. Nous ne connaissons que trop bien la triste histoire d'enfants nés avec des problèmes de dépendance à la drogue.

## *Le commencement du vieillissement*

Même s'il n'y a pas de substances toxiques dans le sang de la mère, le sang du bébé produit des déchets. Le processus du métabolisme, l'absorption, l'oxydation des éléments nutritifs qui donne l'énergie nécessaire aux fonctions, crée des résidus dont le corps doit se débarrasser. Est-ce qu'il les élimine parfaitement et complètement ? Là est la question. (Nous discuterons plus en détail des types d'éléments nutritifs et des déchets qu'ils produisent au chapitre 3).

Les déchets que nous n'éliminons pas complètement doivent être stockés quelque part dans notre corps. Le processus de vieillissement, qui commence dès le premier instant de notre vie, est l'accumulation de ces résidus non éliminés. Même lorsqu'il n'y a aucune substance toxique dans notre alimentation, il y a des déchets dont nous devons nous défaire ; cependant, s'il y a quelque substance nocive dans notre nourriture, elle peut se transformer en déchet toxique. Le corps doit rendre ce poison inopérant et s'en débarrasser.

Un physiologiste français de renom, Alexia Carrell, a pu garder en vie un cœur de poulet pendant environ vingt-huit ans. Il incuba un œuf de poule, prit le cœur du jeune poulet et le coupa en morceaux. Ces morceaux, constitués de plusieurs cellules, furent placés dans une solution saline équilibrée en minéraux de la même manière que le sang de poulet.

Il changea cette solution chaque jour et put ainsi maintenir les cellules de ce cœur en vie près de *vingt-huit ans*. Elles ne moururent que lorsqu'il cessa de changer la solution. Le secret de cette survie repose sur le fait qu'il avait maintenu un fluide extra-cellulaire constant et qu'il avait éliminé au fur et à mesure les déchets en changeant journellement ce fluide dans lequel il maintenait les cellules.

## *L'immortalité*

L'homme cherche depuis les temps les plus reculés le secret de l'immortalité. L'histoire fait état de sa recherche de la fontaine de jouvence et d'herbes spéciales pour aider à vivre plus longtemps. Théoriquement, nous sommes immortels. L'œuf et le sperme se combinent pour créer de nouvelles cellules et une nouvelle vie qui a son tour crée des œufs et du sperme pour former une nouvelle vie. En d'autres termes, les cellules germinales ne meurent jamais. Une part de nous-même revit indéfiniment dans cette vie nouvelle.

Les œufs et les spermatozoïdes sont des cellules germinales. Selon la physiologie moderne, les cellules germinales ne donnent pas de signe de vieillissement et portent le potentiel de vie de génération en génération. (Les parents montrent des signes de vieillesse, mais leurs bébés naissent sans hériter de ces signes). Nous avons d'autres sortes de cellules dans notre corps, les cellules somatiques. En se développant, ces cellules se transforment en tissus spécialisés : les nerfs, les muscles, les tissus conjonctifs, les tendons, les cartilages, la peau, l'os et les tissus graisseux. Ces tissus se développent à leur tour pour former des organes spécialisés. Malheureusement ces cellules constituant tissus et organes vieillissent et meurent. Mais qu'est-ce qui peut bien faire mourir ces cellules ?

## *Le vieillissement et l'inversion du processus*

La réponse est très simple. Les cellules se détériorent parce que les déchets s'accumulent. Pouvez-vous imaginer une maison d'où l'on ne pourrait jeter que 99,9 % des détritus créés chaque jour ? Au bout de quelques mois, cette maison sentirait carrément mauvais.

Maintenant que nous avons compris que le processus de vieillissement est dû à l'accumulation des déchets, ce qu'il nous reste à faire, c'est de découvrir les propriétés de ces résidus et de trouver une méthode sûre pour aider le corps à s'en débarrasser plus complètement au jour le jour. De plus, si nous parvenons à extraire les anciens sous-produits que nous avons stockés dans notre corps depuis quelques années, nous nous en trouverons d'autant plus jeunes.

## *C'est cela, « inverser le vieillissement » !*

Je n'entends pas par là faire reculer notre horloge biologique. Je ne prétends pas supprimer les rides pour paraître jeune tandis que notre intérieur vieillit. Ce que je veux dire par inverser le vieillissement, c'est réduire la quantité de déchets d'un corps de 50 ans au niveau d'un corps de 40 ou même moins. Si, depuis le temps, les déchets accumulés n'ont pas causé de dommages irréparables aux tissus et aux organes, les fonctions de ceux-ci pourraient également s'en trouver ravivées.

Les chapitres suivants vont détailler scientifiquement le phénomène du vieillissement et les moyens de l'inverser.

# 2

# *L'eau*

L'EAU MAINTIENT toutes formes de vies y compris la vie humaine. L'eau est l'une des substances les plus mystérieuses de la planète. Les scientifiques continuent à faire d'étonnantes découvertes à son sujet. Plus de 70% du poids de notre corps est constitué d'eau, ce qui équivaut à environ 43 litres pour une personne de 60 kg. Vous êtes un paquet d'eau enveloppée de peau et qui marche. Comprendre l'eau et boire la bonne sorte d'eau nous donnera santé et longévité.

## *Propriétés générales de l'eau*

### *Propriétés de l'eau*

L'eau est un solvant puissant, c'est pourquoi il transporte de nombreux ingrédients invisibles : des minéraux, de l'oxygène, des aliments, des déchets, des polluants, etc. À l'intérieur du corps humain, le sang (fait de 90% d'eau) circule partout en distribuant les éléments nutritifs et l'oxygène. Il collecte les déchets et les dioxydes de carbone. Toutes les substances incluses dans les profondeurs de notre corps ont été charriées par le sang et peuvent en être ramenées par le sang.

Contrairement aux autres substances, l'eau est plus légère dans son état solide que dans son état liquide. C'est la raison pour laquelle la glace flotte à la surface de l'eau. Sinon, les lacs et les mares gèleraient à partir du fond jusqu'à la surface, ce qui en tuerait tous les organismes vivants. L'eau maintient et protège la vie.

### *Structure de l'eau*

Nous connaissons tous la formule de l'eau, $H_2O$, c'est-à-dire deux atomes d'hydrogène pour un atome d'oxygène. Ces deux atomes d'hydrogène ne sont pas liés à l'atome d'oxygène à un angle de 180° mais plutôt de 104,5° à l'état liquide et 109,5° à l'état solide, donnant à la glace une structure plus ouverte que l'eau et une densité inférieure.

Ces angles créent des effets de polarisation électrique sur les molécules d'eau, le côté comportant l'hydrogène étant plus positif que celui comportant l'oxygène. C'est pourquoi les molécules d'eau ne sont pas disjointes, mais forment au contraire des structures changeant de l'hexagonal au pentagonal constamment en un temps très court ($10^{-11}$ secondes) d'une façon coopérative.

## *L'EAU EST VIVANTE !*

Oui, l'eau est vivante par elle-même sans organisme vivant dedans.

Le pourcentage de molécules d'eau structurées de manière hexagonale varie en fonction de la température. Dans l'eau pure, il y a de 3 à 4% de molécules structurées de manière hexagonale à 10°C, les autres étant structurées de manière pentagonale. Il y en a 10% à 0°C et virtuellement 100% à -40°C. Nous savons tous qu'un flocon de neige est hexagonal. La technologie du résonateur magnétique nucléaire permet aux scientifiques de distinguer les structures moléculaires.

## *L'eau dans un organisme vivant*

L'eau d'un organisme vivant est beaucoup plus complexe que l'eau naturelle, l'eau en vrac, comme l'appellent les scientifiques nord américains. D'après le Dr Moo-Shik Chun, professeur à l'Institut coréen de science et de technologie à Séoul, une molécule de protéine est entourée de 70 000 molécules d'eau qui forment au minimum trois couches distinctes avec des structures différentes.

Le Dr Chun nomme ces couches distinctes X, Y et Z. « Les molécules d'eau étroitement accolées à la molécule de protéine constituent ce qu'il appelle la couche Z, et la couche X, la plus éloignée, ressemble plus à l'eau en vrac. La couche intermédiaire est appelée Y. L'eau de la couche Z est en liaison ionique avec la molécule de protéine. Elle n'est pas libre de ses mouvements. Elle est presque identique à l'eau à l'état solide mais ne se transforme en glace qu'à des températures très basses ».

« L'eau naturelle de la couche X est tout à fait libre de l'influence de la molécule de protéine, et elle gèle à 0°C. L'eau de la couche Y gèle à -10°C et l'étude de l'eau de cette couche est importante pour la compréhension de la santé et de l'activité des enzymes dans l'organisme vivant. Par exemple, l'eau de la couche Y qui entoure une molécule de dipeptide d'alanine est composée de 62% de structures hexagonales, de 24% de structures pentagonales et 14% d'autres structures ».

« On peut dire que l'eau à structure hexagonale est celle que l'organisme vivant préfère. Ceci peut expliquer la raison pour laquelle l'eau issue de la fonte des neiges est bonne pour la croissance du plancton, des algues vertes, etc. L'eau de la neige contient beaucoup de structures hexagonales. Certains de ces résultats sont difficiles à voir mais se découvrent et se démontrent grâce aux méthodes de simulation par ordinateur ».

M. Chun explique d'autre part que l'eau de la couche Y entourant une tumeur maligne n'a pas plusieurs structures. Il explique également dans son article que l'atome de calcium ionisé forme des structures d'eau hexagonales autour de lui.

### *Autres propriétés de l'eau*

Un autre fait intéressant découvert par les chercheurs est que l'eau a un certain degré de mémoire. Après traitement par un champ magnétique ou électrique, des propriétés telles que la tension de surface et les activités structurelles perdurent un certain temps. Avant que la technologie de la résonance magnétique nucléaire ne soit disponible, peu de gens le croyaient. Les Japonais ont plusieurs dispositifs de traitements de santé utilisant les champs magnétiques ou électriques (Voir chapitre 7).

Comparée à d'autres liquides, l'eau a une capacité calorique spécifique élevée, ce qui aide notre corps à supporter des variations notables de température ambiante. Une autre caractéristique chimique intéressante de l'eau, c'est l'ionisation, c'est-à-dire la perte par un atome ou une molécule de ses électrons ou le gain d'électrons d'un autre atome. Même sans minéraux dans l'eau, une part d'eau sur dix millions est ionisée. Lorsqu'une molécule d'eau $H_2O$ est ionisée, elle se sépare en deux parties : un ion hydrogène H+, et un ion hydroxyle OH-. Ces ions ionisent à leur tour les minéraux présents dans l'eau pour provoquer une réaction chimique active. Puisque l'eau cause l'ionisation, sans eau, notre corps cesse ses réactions chimiques. Cela signifie la mort.

## *L'acidité, l'alcalinité et le pH*

### *Eaux acides et eaux alcalines*

Il y a parfois plus d'ions H+ que d'ions OH-. Cette eau est appelée eau acide. À l'inverse, l'eau contenant plus d'ions OH- que d'ions H+ est appelée eau alcaline. Lorsque leur nombre est égal, elle est appelée eau neutre. Il existe une loi naturelle très intéressante concernant ces nombres. Lorsque l'eau est neutre et que la température ambiante est normale, la proportion d'ions H+ est de 1 :$10^7$. Si nous appelons l'ensemble des molécules d'eau 1 unité, le nombre total d'ions H+ dans cette eau neutre est de 1 x $10^{-7}$ unités. Comme l'eau neutre possède un nombre identique d'ions OH-, il est également de 1 x $10^{-7}$ unités. En bref, nous disons que le pH de cette eau est de 7.

Si l'on ajoute des minéraux acides, sulfuriques ou chlorhydriques, à cette eau, le nombre d'ions H+ augmente parce que les atomes d'hydrogène cèdent des électrons aux minéraux acides. Lorsque le nombre d'ions H+ augmente de 1 x $10^{-6}$ unités (dix fois le nombre de l'eau neutre), la loi de la nature force les ions OHà diminuer à 1 x $10^{-8}$ unités. Le pH de cette eau est de 6. La somme des exposants des ions H+ et OH- est toujours égale à 14 à la température de la pièce (22°C). Inutile d'ajouter que le pOH est de 8. Cela tombe sous le sens et l'on ne mesure que le pH.

Voici quelques exemples de valeurs du pH de l'eau et des concentrations d'ions H+ et OH- :

| pH | pOH | concentration de H+ | concentration de OH- |
|---|---|---|---|
| 2,5 | 11,5 | 1 x $10^{-2,5}$ = 3,163 x $10^{-3}$ | 1 x $10^{-11,5}$ = 3,162 x $10^{-12}$ |
| 4,0 | 10,0 | 1 x $10^{-4.0}$ = 1,000 x $10^{-4}$ | 1 x $10^{-10.0}$ = 1,000 x $10^{-10}$ |
| 6,0 | 8,0 | 1 x $10^{-6.0}$ = 1,000 x $10^{-6}$ | 1 x $10^{-8.0}$ = 1,000 x $10^{-8}$ |
| 7,0 | 7,0 | 1 x $10^{-7,0}$ = 1,000 x $10^{-7}$ | 1 x $10^{-7,0}$ = 1,000 x $10^{-7}$ |
| 7,3 | 6,7 | 1 x $10^{-7,3}$ = 5,012 x $10^{-8}$ | 1 x $10^{-6,7}$ = 1,995 x $10^{-7}$ |
| 7,45 | 6,55 | 1 x $10^{-7,45}$= 3,548 x $10^{-8}$ | 1 x $10^{-6,55}$ = 2,818 x $10^{-7}$ |
| 8,0 | 6,0 | 1 x $10^{-8.0}$ = 1,000 x $10^{-8}$ | 1 x $10^{-6.0}$ = 1,000 x $10^{-6}$ |
| 9,0 | 5,0 | 1 x $10^{-9.0}$ = 1,000 x $10^{-9}$ | 1 x $10^{-5.0}$ = 1,000 x $10^{-5}$ |
| 9,5 | 4,5 | 1 x $10^{-9,5}$ = 3,162 x $10^{-10}$ | 1 x $10^{-4,5}$ = 3,162 x $10^{-5}$ |
| 10,0 | 4,0 | 1 x $10^{-10.0}$ = 1,000 x $10^{-10}$ | 1 x $10^{-4.0}$ = 1,000 x $10^{-4}$ |

Nous pensons que l'eau est $H_2O$, c'est-à-dire deux atomes d'hydrogène pour un atome d’oxygène. Cependant, le ratio exact de 2 pour 1 n’est valable que dans une eau avec un pH de 7 où le nombre d’ions H+ est égal au nombre d’ions OH-. Comme l’eau alcaline a moins d’ions H+ que d’ions OH-, cette eau a un nombre d’atomes d’oxygène supérieur à la moitié du nombre d’atomes d’hydrogène. Inversement, l’eau acide a plus d’ions H+ que d’ions OH-, donc cette eau a un nombre d’atomes d’oxygène inférieur à la moitié du nombre d’atomes d’hydrogène.

Le sang humain a une valeur de pH allant de 7,30 à 7,45. Du tableau ci-dessus, nous calculons que le nombre d’ions OH- en excès dans l’eau dont la valeur du pH est de 7,45 est de : 2,818 x $10^{-7}$ - 0,3548 x $10^{-7}$ = 2,4632 x $10^{-7}$. Le nombre d’ions OH- en excès dans l’eau ayant une valeur de pH de 7,30 est de 1,494x $10^{-7}$. Le sang dont la valeur de pH est de 7,45 contient donc 64,9% d’oxygène en plus que le sang de pH 7,30. Ces deux valeurs de pH semblent très proches, mais il y a pourtant une grosse différence au niveau de l’oxygène en excès entre ces deux exemples de sang.

### *Oxygène en excès dans l'eau alcaline*

300 ml d'eau pèsent environ 0,300 kg. Étant donné que la masse atomique d'une molécule d'eau est de 18 et que l'unité de masse atomique est de $1{,}66x10^{-27}$ kg, une molécule d'eau pèse $29{,}88x10^{-27}$ kg. Cela signifie qu'il y a environ $1x10^{25}$ molécules d'eau dans 300 ml d'eau.

Connaissant la valeur du pH de différentes boissons, nous pouvons calculer le nombre d'ions H+ et d'ions OH- dans un verre d'eau donné. Le tableau suivant fait la relation entre les valeurs des pH et le surplus (ou le manque) d'oxygène dans 300ml de différentes boissons.

| | PH | H+ | OH- | SURPLUS D'OXYGÈNE |
|---|---|---|---|---|
| Boisson à base de Cola | 2,5 | $3{,}162 \times 10^{22}$ | $3{,}162 \times 10^{13}$ | $-158{,}100 \times 10^{20}$ |
| Autre boisson gazeuse | 3,2 | $6{,}310 \times 10^{21}$ | $1{,}585 \times 10^{14}$ | $-31{,}550 \times 10^{20}$ |
| Bière courante | 4,7 | $1{,}995 \times 10^{20}$ | $5{,}012 \times 10^{15}$ | $-0{,}998 \times 10^{20}$ |
| Eau filtrée par osmose inversée | 6,8 | $1{,}585 \times 10^{18}$ | $6{,}310 \times 10^{17}$ | $-0{,}005 \times 10^{20}$ |
| Eau distillée | 7,0 | $1{,}000 \times 10^{18}$ | $1{,}000 \times 10^{18}$ | 0,000 |
| Eau bouteille classique | 7,8 | $1{,}585 \times 10^{17}$ | $6{,}310 \times 10^{18}$ | $0{,}310 \times 10^{20}$ |
| Eau du robinet filtrée | 8,4 | $3{,}981 \times 10^{16}$ | $2{,}512 \times 10^{19}$ | $0{,}125 \times 10^{20}$ |
| Eau alcaline | 10,0 | $1{,}000 \times 10^{15}$ | $1{,}000 \times 10^{21}$ | $5{,}000 \times 10^{20}$ |

Nous parlerons plus tard des effets sur le corps humain de boissons aux pH variés ; cependant, j'aimerais faire une remarque concernant le tableau ci-dessus. Toutes les sortes de sodas sont très acides, surtout ceux à base de cola. Pour neutraliser un verre de cola, il faut environ 32 verres d'eau alcaline à pH élevé.

Un verre de cola (dont le pH est de 2,5) ajouté à 38 litres d'eau au pH de 7,4 diminuera le pH de l'ensemble à 4,6. Le corps humain contient environ 38 litres d'eau légèrement alcaline. Heureusement que l'absorption d'un verre de cola n'en diminue pas le pH à 4,6, car cela serait fatal. Les pouvoirs de l'homéostasie et la façon dont le sang peut maintenir un pH de 7,3 à 7,4 lorsque nous buvons un cola hautement acide feront l'objet d'une explication détaillée plus loin.

### *L'acidité et l'alcalinité dans notre vie journalière*

L'acidité et l'alcalinité sont notre lot quotidien même en dehors des boissons. Par exemple, la levure chimique a un pH de 12 ; le savon, de 9,1 ; l'eau de mer, de 8,1 ; le citron, de 2,3 ; la pomme, de 3,1 ; la banane, de 4,6 ; la pomme de terre, de 5,8 ; l'huître, de 6,4 ; la crevette, de 6,9 ; le sel, de 7,5 ; etc. (tiré de « *Acid and Alcaline*» de Herman Aihara[1]). Le fait que certains aliments aient un pH acide ne signifie pas nécessairement que l'alimentation rend notre corps plus acide (Nous verrons plus en détails le goût acide et les aliments donnant de l'acidité au chapitre 3).

Nous mesurons le pH d'une solution liquide à l'aide d'un pH-mètre ou de papiers indicateurs de pH, bleu et rouge. Nous disposons aussi de testeurs liquides spéciaux qui changent de couleur suivant le pH. Par exemple:

| pH | Couleur |
|---|---|
| 4 | Orange |
| 5 | Jaune |
| 6 | Vert clair |
| 7 | Vert |
| 8 | Bleu |
| 9 | Bleu foncé |
| 10 | Violet |

Si nous disposions d'une paire de lunettes spéciales qui montreraient automatiquement toutes ces couleurs en fonction du pH de chaque chose, le monde serait très coloré. Vous vous posez la question de savoir l'utilité de tout cela ? Il y en a au moins une : si je pouvais regarder la peau de chacun à l'aide de ces lunettes, il me serait possible de détecter quelques points d'une coloration différente me permettant de diagnostiquer les problèmes physiques de telle ou telle personne. La peau humaine est acide tandis que le sang et les cellules sont légèrement alcalins. Une peau saine aurait une couleur jaune orangée à travers de telles lunettes.

Quant au pH des divers liquides composant le corps humain, en voici quelques valeurs.

| | |
|---|---|
| Suc gastrique | 1,5 |
| Peau | 4,7 |
| Salive | 7,1 |
| Cellules | 7,1 |
| Sang | 7,4 |
| Suc pancréatique | 8,8 |

### *Comment contrôler le sexe d'un bébé*

Si nous maîtrisons bien l'acidité et l'alcalinité des fluides du corps humain, nous pouvons contrôler le sexe d'un bébé avant sa conception. Le sperme mâle est alcalin tandis que l'intérieur du vagin est acide. Le spermatozoïde comportant un chromosome mâle nage rapidement mais ne vit qu'un temps très court dans un environnement acide. Le spermatozoïde doté d'un chromosome femelle nage lentement mais vit plus longtemps dans une ambiance acide.

La connaissance de ces simples faits nous permet d'accroître les chances de concevoir un garçon ou une fille selon notre désir. Si l'œuf est déjà sorti, en attente du sperme, il y a plus de chances que le spermatozoïde à chromosome mâle arrive en tête. Mais s'il arrive avant que l'ovule ne soit sorti, il y a plus de chance que le spermatozoïde à chromosome femelle survive plus longtemps.

Si les parents boivent de l'eau alcaline pendant plus d'un mois avant la conception, le sperme et l'intérieur du vagin deviendront plus alcalins et augmenteront significativement les chances de concevoir un garçon. Je ne sais pas à quel point cela est exact, mais un document coréen précise qu'il y a 95% de chances de faire un garçon si les deux parents ont consommé de l'eau alcaline pendant trente jours avant la conception.

Actuellement, la Corée manque cruellement de filles : cela crée un problème social crucial.

## *Les filtres à eau*

Lorsque nous parlons du sujet de « l'eau et de la santé », nous pensons habituellement aux filtres à eau. Il est bien connu que la qualité de l'eau potable dans nos contrées se détériore. Les gens soucieux de leur santé boivent de l'eau en bouteille, ou bien ont recours à des filtres à eau dans leur cuisine. Souvent, l'eau en bouteille est une eau courante filtrée. Le principal but de tout filtre est d'ôter les polluants dangereux contenus dans l'eau afin d'éviter qu'ils ne pénètrent notre corps. C'est un dispositif de défense.

### *Le système de défense*

L'eau du robinet fournie par les services publics est de qualité variable. Pour tuer les bactéries et les microbes, ils y additionnent du chlore. C'est un excellent désinfectant mais, ingéré en grande quantité, il est dangereux. De plus, combiné avec les hydrocarbures présents dans l'eau, il donne un composé chloré cancérigène. Il s'agit là de la pollution la plus commune notamment en Amérique du nord.

Les filtres les plus efficaces et les moins coûteux pour éliminer le chlore et les substances chlorées sont les filtres à charbon. Les filtres comportant des cartouches de carbone compacté ou des granulats de charbon sont communément disponibles. Des deux, celui utilisant les cartouches de carbone compacté est le meilleur choix pour de multiples raisons techniques.

Les filtres à granulats de charbon actif fonctionnent par adsorption de surface du chlore et des composés chlorés, mais ils n'opèrent aucune constriction mécanique des particules solides présentes dans l'eau, et quand le carbone est usé, l'eau non filtrée continue de passer. L'utilisateur est donc obligé de contrôler le niveau de chlore pour s'assurer que le filtre fonctionne toujours. De plus, ces filtres sont doublés d'imprégnation d'argent pour empêcher le développement de bactéries à l'intérieur.

Les filtres à cartouches de carbone compacté éliminent non seulement le chlore et ses composés grâce à son carbone, mais en plus ils bloquent les particules de métaux lourds et les bactéries. De ce fait, ce type de filtre ne nécessite pas d'imprégnation d'argent. Le seul ennui, c'est que la pression de l'eau diminue considérablement à l'usage et qu'elle devient intolérablement basse avant que le carbone ne soit totalement usé. Tant que l'eau coule, elle est bonne. Lorsque le filet d'eau devient trop faible, remplacez la cartouche.

Si le filtre à cartouche est utilisé en même temps qu'un autre dispositif tel que l'ioniseur pour faire de l'eau alcaline, la baisse de pression devient un réel problème. Il est préférable dans ce cas d'utiliser le filtre à granulats.

### *Matraquage défensif*

Un combattant pourrait porter une armure en acier si lourde qu'elle l'empêcherait de bouger et le ferait prendre par l'ennemi. C'est ce que l'on appelle du matraquage défensif. Cela peut aussi arriver avec les filtres à eau.

Sous prétexte d'obtenir de l'eau « pure », certaines personnes font la promotion de distillateurs et de filtres à osmose inversée (OI). Ces dispositifs fonctionnent bien, mais ils ôtent *tout* à l'eau. Cette eau « pure », malheureusement, n'est pas saine. C'est de l'eau morte. Les poissons ne peuvent pas y vivre. Si l'on en consomme pendant longtemps, elle peut lessiver du corps humain des minéraux très utiles, potassium, magnésium, sodium et calcium. On pourrait, me direz-vous, prendre des suppléments nutritifs minéraux pour les remplacer. Mais il n'est pas facile de remplacer dans notre corps les minéraux sous la même forme qu'on les a perdus.

Ceux qui vendent des distillateurs ou des filtres à OI insistent sur le fait que moins il reste de substances dans l'eau, plus elle est bonne. Ils utilisent un TDS-mètre pour mesurer la quantité totale de solides dissous dans l'eau, qu'ils soient bons ou mauvais. Une eau riche en bons minéraux sera considérée comme très mauvaise au test du TDS-mètre. Malheureusement, tant le vendeur que l'acheteur de ces distillateurs croient fermement qu'une eau sans rien dedans est ce qu'il y a de meilleur. Comme nous l'avons montré au paragraphe 2.2, cette eau ne contient pas d'oxygène supplémentaire. Si l'eau distillée ou passée par le filtre à OI est utilisée avec l'ioniseur, il ne se passera rien, aucune production ni d'eau alcaline ni d'eau acide.

## *Système offensif*

Concentrons maintenant notre attention sur l'offensive pour gagner au jeu de l'eau et de la santé. Comme nous l'avons mentionné au chapitre 1, le processus de vieillissement est l'accumulation de vieux déchets dans notre corps. Au prochain chapitre, nous parlerons des types de déchets produits par les aliments. *Ces déchets sont acides.*

Le jeu consiste à aider notre corps à éliminer le maximum de déchets acides. Comme les déchets en question sont transportés par le sang et éliminés sous forme liquide, boire la sorte d'eau qui convient peut nous permettre d'avoir plus de succès. La meilleure sorte d'eau dans ce cas est l'eau alcaline, libre de tout acide, qui neutralise les acides nocifs et les élimine sainement sans faire perdre les minéraux alcalins valables tels que potassium, magnésium, sodium, calcium.

L'appareil nécessaire à la fabrication de l'eau alcaline s'appelle l'ioniseur d'eau. Le principe de cet appareil est entièrement détaillé au chapitre 6, et les raisons scientifiques qui font que cette eau nous fera marquer plus de points dans la lutte contre le vieillissement et la prévention de nombre de maladies d'adultes seront discutées au chapitre 5.

Il n'existe aucun autre dispositif de traitement de l'eau qui puisse produire de l'eau alcaline riche en oxygène avec un pH de 10. Vous pouvez toujours dépenser une fortune pour retirer de l'eau des substances considérées comme nocives qui n'y seront même pas. Ne vous laissez pas influencer par les tactiques d'épouvante de certaines ventes promotionnelles.

### *Les adoucisseurs d'eau*

Parmi les produits apparentés, vous trouverez l'adoucisseur d'eau. La dureté de l'eau est déterminée par sa teneur en calcium. L'adoucisseur d'eau remplace les ions calcium par des ions sodium. Le sodium est lié au chlore et l'eau qui en résulte sera plus acide. Cette eau est excellente pour la tuyauterie de votre maison et vous fera *vraiment* économiser du détergent dans votre machine à laver. *Mais cette eau n'est pas saine à boire.* C'est pour cette raison que les bons fabricants d'adoucisseurs d'eau prévoient un cheminement séparé pour l'eau potable.

# 3

# *Les aliments*

CERTAINS MANGENT pour vivre et d'autres vivent pour manger. Certains aliments ont très bon goût, d'autres sont immangeables. Certains plats sont excessivement chers, d'autres pas. On dit que certains aliments sont bons pour la santé et que d'autres la détériorent. Tant de livres ont été écrits sur la cuisine, les régimes, la nourriture saine, etc. ! C'est l'un des sujets les plus déroutants de ces dernières décennies.

Au risque de faire perdre son côté romantique à l'art de cuisiner et de manger, je vais étudier en détails les éléments de base de notre alimentation et les déchets qu'ils produisent après avoir été métabolisés dans nos cellules.

## *Les éléments de l'alimentation*

### *Éléments de base*

Pour faire fonctionner et développer notre corps, il nous faut manger des aliments. L'alimentation est généralement classifiée en trois catégories : les glucides (hydrates de carbone), les protéines et les lipides. Tous ces aliments sont constitués de quatre éléments de base : carbone, azote, oxygène et hydrogène. Les glucides ne contiennent pas d'azote. Ces quatre éléments se trouvent en abondance dans l'air. La manne venue du ciel n'est pas trop difficile à comprendre. Maintenant que la science a découvert le moyen d'inverser le processus de vieillissement, il ne lui reste plus qu'à trouver le procédé de fabrication de la nourriture à partir de l'air pour résoudre le problème de la faim dans le monde.

Inclus dans ces aliments faits de quatre éléments de base, on trouve de nombreux minéraux inorganiques comme le soufre, le chlore, le sodium, le calcium, etc., classifiés en deux catégories suivant qu'ils se métabolisent en produits acides ou alcalins.

| **Produisant des acides** | **Produisant des alcalins** |
| --- | --- |
| Soufre (S) | Sodium (Na) |
| Phosphore (P) | Potassium (K) |
| Chlore (Cl) | Calcium (Ca) |
| Iode (I) | Magnésium (Mg) |
| | Fer (Fe) |

D'après le Dr Arthur Guyton, la quantité moyenne de minéraux présents dans le corps d'un adulte mâle de 70 kg se détaille comme suit :

| Produisant des acides | ...... | Produisant des alcalins | |
|---|---|---|---|
| Cl | 85,000 gr | Na | 63,000 gr |
| P | 670,000 gr | K | 150,000 gr |
| S | 112,000 gr | Ca | 1,160 gr |
| I | 0,014 gr | Mg | 21,000 gr |
| | | Fe | 3,000 gr |

## *Fonctions des minéraux*

Ces minéraux existent dans tout le corps humain et d'après de nombreux écrits du Dr Arthur Guyton et de M. Herman Aihara, ces minéraux, d'un poids total moyen de 2,5 kg, assurent des fonctions essentielles pour nourrir notre corps. Ci-joint quelques extraits de ces textes décrivant les fonctions de ces minéraux et les apports qu'ils contiennent.

— *Calcium et phosphore (Ca et P)*

Environ 99% du calcium et 80 à 90% du phosphore de notre corps se trouvent dans les os et les dents. Le reste se trouve dans des tissus souples et des fluides corporels ; il est extrêmement utile à leur fonctionnement normal.

Le calcium, en combinaison complexe avec le phosphore, donne aux os et aux dents leur rigidité. L'irritabilité des nerfs est accrue si la quantité de calcium dans le sang est inférieure à la normale.

Quand le corps ne dispose pas de réserves à utiliser, le calcium doit être pris de la structure des os eux-mêmes. Il est généralement tiré en premier des os pelviens et de la colonne vertébrale. Entre 10 et 40% de la quantité normale de calcium peuvent être tirés d'os de personnes mûres avant que cela ne puisse se voir aux rayons X.

Le calcium absorbé est transporté par le sang vers les endroits où il est nécessaire et en particulier vers les os. S'il n'est pas utile, il sera éliminé par les reins dans les urines. Le fonctionnement normal des reins est essentiel pour le métabolisme normal du calcium et des autres minéraux.

Le phosphore constitue une part essentielle de toute cellule vivante. Il participe aux réactions chimiques avec les protéines, les lipides et les glucides pour donner au corps son énergie et les matériaux vitaux de sa croissance et de sa réparation ; par exemple, les phospholipides ont leur importance dans la synthèse des membranes cellulaires, de l'ADN et de l'acide ribonucléique (ARN).

Les algues, les graines de sésame noir, le tofu, le lait, le yogourt, les feuilles de carotte, les oignons nouveaux, les épinards, etc. renferment du calcium. Le miso, les œufs, le saumon, le maquereau, le thon, la bonite, les gadidés, le poulet, la graine de sésame noir, les algues, le riz blanc, le porc, etc. sont riches en phosphore (le livre « *Acid and Alkaline* » de Herman Aihara donne une liste exhaustive des différents aliments et de leurs composants minéraux. Pour ce type d'information, reportez-vous aux livres de référence macrobiotique que l'on trouve dans les magasins de produits alimentaires pour la santé).

*— Potassium et sodium (K et Na)*

Le potassium et le sodium sont similaires en propriétés chimiques mais différemment répartis dans l'organisme. Ainsi le sodium sera principalement dans les fluides qui circulent hors des cellules, et en faible quantité seulement dans celles-ci, alors que ce sera l'inverse pour le potassium.

Le sodium et le potassium sont vitaux pour maintenir un équilibre normal de l'eau dans les cellules et dans les fluides extracellulaires. Une perte de sodium dans les fluides a pour effet de transférer l'eau des fluides vers l'intérieur des cellules. Une augmentation du sodium cause le transfert de l'eau des cellules vers les fluides du corps.

Le sodium et le potassium sont essentiels pour une bonne réaction des nerfs aux stimulations, pour que les impulsions se transmettent bien aux muscles et que les muscles se contractent correctement. Tous les types de muscles, y compris le muscle cardiaque, sont influencés par le sodium et le potassium. Il est important de maintenir une bonne proportion de ces deux minéraux.

Le sodium et le potassium se combinent aussi avec les protéines, les phosphates et les carbonates pour maintenir une juste proportion d'acides et d'alcalins dans le sang. Le sodium et le potassium sont ingérés sous forme de sel. Les graines de soja, carottes, pommes de terre ainsi que les fruits tels que abricots, avocats, bananes, dattes, oranges et pastèques contiennent une grande quantité de potassium.

Les viandes salées, bacon, jambon, corned-beef, contiennent beaucoup de sodium, tandis que les viandes blanches, poulet, canard, agneau, porc, contiennent plus de potassium que de sodium.

— *Fer (Fe)*

La plus grande partie du fer dans le corps est présente sous la forme d'hémoglobine, même si on en trouve également sous certaines autres formes en plus petite quantité, en particulier dans le foie et la moelle. Des porteurs d'électrons contenant du fer sont présents dans toutes les cellules et sont indispensables pour la plupart des réactions chimiques dans les cellules. Le fer est donc absolument essentiel tant pour le transfert de l'oxygène aux tissus que pour l'entretien des systèmes d'oxydation à l'intérieur des cellules des tissus, sans lesquels la vie cesserait en quelques secondes.

Les légumes ainsi que la soupe de miso sont une bonne source de fer. Les viandes, le poulet et le poisson ont des traces de fer, et le lait de vache ainsi que le lait humain ont un peu de fer. Cependant la meilleure source de fer est le foie d'animal et le jus de prune en boîte.

*— Magnésium (Mg)*

Le magnésium est en étroite relation avec le calcium et le phosphore tant en ce qui concerne sa situation que ses fonctions. Environ 70% du magnésium du corps se situe dans les os. Le reste est dans les tissus souples et le sang. Le tissu musculaire contient plus de magnésium que de calcium. Le sang contient plus de calcium que de magnésium.

Selon Arthur Guyton, « l'augmentation de la concentration extracellulaire de magnésium diminue l'activité du système nerveux et de la contraction des muscles squelettiques. Ce dernier effet peut être bloqué par l'absorption de calcium. Une faible concentration de magnésium cause une plus grande irritabilité du système nerveux et de l'arythmie cardiaque ».

Le magnésium est en général trouvé avec le calcium. Les viandes contiennent du magnésium ; de nombreux fruits également.

(Des cinq minéraux alcalins, le potassium est celui qui a le plus de pouvoir de réactions chimiques, suivi du sodium, du calcium, du magnésium et finalement du fer. Cela signifie que le calcium peut rompre une liaison magnésium-sel, mais pas l'inverse).

*— Soufre (S)*

Le soufre se trouve dans son état élémentaire dans la terre des zones volcaniques, le principal fournisseur étant la Sicile. Le soufre, sous une certaine forme, est nécessaire à tous les organismes vivants. Il est utilisé dans plusieurs états d'oxydation, sulfures, soufre élémentaire, sulfites, sulfates et thiosulfates, par des formes inférieures de vie, et en combinaisons organiques par toutes formes de vie. Les composants organiques les plus importants contenant du soufre sont : les acides aminés, la cystéine, la cystine et la méthionine qui sont des composants de protéines.

« Dans le monde organique, le soufre est intégré dans les molécules de protéines des plantes en partant du soufre contenu dans le sol. Il est principalement ingéré par l'organisme animal sous la forme de protéine et sécrété pour la plus grande part dans sa condition oxydée la plus haute comme acide sulfurique, dérivé du partage et de l'oxydation de la molécule de protéine. Dans cette forme, combiné et neutralisé par les alcalins, il est de nouveau à même de commencer un cycle de vie en formant des composés de soufre organique dans les plantes » (*Vital facts about foods*, de Carque).

L'œuf est une bonne source de soufre, ainsi que de nombreux fruits.

*— Chlore (Cl)*

Le chlore se trouve surtout dans le chlorure de sodium ou sel commun, soit dissous dans l'eau, soit en dépôt solide à l'intérieur de la Terre sous la forme de roc de sel. Sous forme gazeuse, c'est un poison.

Le chlore, sous forme de chlorure de sodium, joue un rôle important dans l'organisme animal. Il aide à la formation de tous les sucs digestifs, surtout le suc gastrique qui contient deux pour mille d'acide chlorhydrique. La partie minérale du sérum du sang est largement constituée de chlorure de sodium, ce qui favorise et maintient la génération et la conduction de courants électriques. Les chlorures sont utiles non seulement pour la construction des organes mais aussi pour la préparation des sécrétions digestives.

Les chlorures ont aussi leur importance dans les sécrétions anales. Ils sont nécessaires pour l'élimination des déchets azotés du métabolisme.

En revoyant de nombreuses références concernant les aliments et leurs contenus, j'ai remarqué des faits intéressants. En moyenne, en termes de poids, 70 à 90% des aliments sont constitués d'eau à l'exception des aliments séchés. La quantité de minéraux inorganiques dans les aliments non transformés est de moins de 1% en général et de 0,5% en moyenne. Les aliments transformés comme le bacon par exemple contiennent des minéraux jusqu'à hauteur de 7% de leur poids. Comme vous pouvez le deviner, la plus grande partie des minéraux en question se trouvent sous forme de chlorure de sodium.

Si l'on exclut l'eau, plus de 97% de notre nourriture consiste en glucides, protéines, fibres et lipides qui sont composés de quatre éléments : carbone, azote, hydrogène et oxygène. Moins de 3% de notre nourriture sont des minéraux inorganiques.

### *Aliments acides et aliments alcalins*

Ces minéraux inorganiques présents dans la nourriture déterminent son acidité ou son alcalinité. Lorsque les diététiciens parlent d'aliments acides ou alcalins, ils ne veulent pas parler de leur goût. Par exemple, le jus d'orange (pH 3,5) à un goût acide, mais cette acidité est générée par des acides organiques qui peuvent être brûlés. Cependant, à l'intérieur de l'orange, il y a des minéraux alcalins comme le potassium et le magnésium ; les oranges sont donc considérées comme des aliments alcalins. Les diététiciens s'intéressent aux effets résiduels de l'aliment après digestion et métabolisme dans nos cellules. Ci-joint un extrait de *Acid and Alkaline*.

« Comment déterminer les aliments induisant de l'acidité et les aliments induisant de l'alcalinité.

En théorie, qu'un aliment produise de l'acidité ou de l'alcalinité dépend de la proportion d'éléments acidifiant ou alcalinisant qu'il contient. Dans la réalité pratique, cependant, cela est déterminé par des tubes tests. Ce procédé s'appelle le titrage.

D'abord, l'aliment à mesurer est réduit en cendres (cette étape remplace le processus de digestion et donne une idée de son acidité ou de son alcalinité). Ensuite, une quantité standard d'eau très pure, un litre par exemple, est ajouté à 100 grammes de cette cendre pour en faire une solution. La solution est alors testée pour savoir si elle est acide ou alcaline ; puis l'on peut mesurer la concentration ou la force de cette acidité ou alcalinité dans la solution de cendre.

Comme une solution acide neutralise une solution alcaline et vice versa, les deux peuvent être utilisées pour se mesurer l'une l'autre.

Grâce au précédent chapitre, vous pouvez savoir le nombre d'ions H+ ou OH- présents dans un volume d'eau de pH déterminé. Donc, sachant le nombre d'ions qu'il a fallu pour neutraliser cette solution de cendre d'aliments, il est aisé d'en déduire la force de l'acidité ou de l'alcalinité.

Selon ce type de test, les aliments sont classifiés et rangés par ordre d'importance de la concentration en acidité ou en alcalinité. Nombre de livres diététiques macrobiotiques, dont celui de Herman Aihara, contiennent des tableaux d'aliments produisant de l'acidité ou de l'alcalinité.

Ce type de détermination est basé sur la supposition un peu rapide que les cellules vont oxyder et métaboliser complètement l'aliment en question ; l'acidité ou l'alcalinité de ces résidus est exclusivement déterminée par les minéraux inorganiques. Malheureusement, 97% des aliments (C, N, H et O) ne brûlent pas complètement et laissent des déchets organiques acides, sans l'aide des minéraux acides inorganiques. L'acide urique et l'acide lactique sont deux exemples de déchets acides organiques créés par notre corps.

## *Les déchets provenant des aliments*

### *Déchets organiques*

La quantité de ces déchets acides organiques créés est bien plus grande que les résidus acides ou alcalins créés par les minéraux inorganiques des aliments. C'est pourquoi, même si vous ne mangiez que des aliments produisant exclusivement de l'alcalinité, votre urine et votre transpiration seraient acides. Les formules chimiques de certains des déchets organiques les plus connus que notre corps produit sont détaillées ci-dessous.

Acide acétique .... $CH_3$ COOH
Ammoniaque .... $NH_3$
Acide lactique .... $CH_3CHOHCOOH$

Acide urique .... $C_5H_4N_4O_3$
Cholestérol .... $C_{27}H_{45}OH$
Acide gras .... $CNH_2NO_2$
Acide carbonique .... $H_2CO_3$

Parmi ces déchets, l'ammoniaque s'évacue par les urines et l'acide carbonique peut redevenir de l'eau lorsque nous expirons le $CO_2$ par les bronches.

### *Sous-produits inorganiques*

En dehors de ces déchets organiques, il y a beaucoup de produits minéraux inorganiques dérivés de ces minéraux présents dans les aliments. Les résidus acides toxiques dérivés du soufre, du phosphore et du chlore provenant de l'alimentation sont :

Acide sulfurique ..... $H_2SO_4$
Acide phosphorique ..... $H_3PO_4$
Acide chlorhydrique ..... HCl

Ces acides toxiques doivent être éliminés de notre corps. Mais avant cela, ils doivent être neutralisés pour devenir des substances moins nocives, autrement elles pourraient endommager les reins et d'autres organes. Les produits neutralisant ces poisons sont également fabriqués par l'organisme à partir de minéraux alcalins trouvés dans la nourriture : sodium, potassium, calcium et magnésium. Les produits neutralisant sont :

Carbonate de sodium $Na_2CO_3$
Bicarbonate de soude .......... $NaHCO_3$
Carbonate de potassium ........ $K_2CO_3$
Carbonate de calcium .......... $CaCO_3$
Carbonate de magnésium ....... $MgCO_3$

### *Fonctions neutralisantes des minéraux alcalins*

À titre d'exemple, l'acide sulfurique peut être neutralisé par le carbonate de calcium, de la manière suivante :

$$CaCO_3 + H_2SO_4 = CaSO_4 + H_2O + CO_2$$

L'acide sulfurique toxique est changé en sel sulfurique neutre, en eau et en dioxyde de carbone. $H_2O$ et $CO_2$ forment l'acide carbonique bien connu ($H_2CO_3$) qui est volatile. Dans l'équation ci-dessus, Ca peut être remplacé par Mg, $Na_2$ ou $K_2$. Tant qu'il y a des quantités suffisantes de minéraux alcalins dans le corps, les acides toxiques sont neutralisés. Lorsque la fourniture de calcium ou d'autres minéraux alcalins dans le sang n'est pas adéquate, le corps emprunte parfois pour survivre du calcium aux os.

L'ammoniaque $NH_3$ est un autre composant neutralisant que notre corps produit à partir de protéines alimentaires. L'acide chlorhydrique HCl devient $NH_4Cl$, chlorure d'ammonium. L'acide sulfurique $H_2SO_4$ devient du sulfate d'ammonium $(NH_4)_2SO_4$.

### *L'accumulation des déchets acides par notre organisme*

Examinons maintenant certains des acides organiques et inorganiques que nous avons tendance à garder dans notre corps. Après tout, ils sont pour la plupart fabriqués par 97% de notre nourriture.

#### — *Acide urique*

Webster dit, « l'acide urique est une substance blanche, cristalline, sans odeur présente dans les urines, produit du métabolisme de la nucléine. Elle est pratiquement insoluble dans l'eau, dans l'alcool ou dans l'éther. Elle est cependant soluble dans les solutions de sels minéraux ».

Ces cristaux d'acide urique insolubles peuvent s'accumuler dans les articulations et causer l'arthrite et la goutte. Cela n'arrive pas lorsque vous êtes jeune parce que votre corps est plus alcalin, et que l'acide urique se dissout et s'élimine par les reins.

— *Acides gras*

À trop manger d'hydrates de carbone et à ne pas assez faire d'exercice pour les brûler, nous finissons par stocker les acides gras. L'acide acétique, l'acide lactique et le cholestérol sont des dérivés d'acides gras. Lorsque les athlètes font trop d'exercice, il n'y a pas assez d'oxygène dans les cellules et cela crée de l'acide lactique et de l'acide acétique qui sont des hydrates de carbone incomplètement brûlés.

L'acide lactique et l'acide acétique abaissent sévèrement le pH des fluides du corps. Afin de survivre, ils mettent les minéraux alcalins du corps à rude épreuve pour élever la valeur du pH. Si nous prenons HL pour abréviation de l'acide lactique, le procédé de neutralisation s'écrit comme suit :

$$HL + NaHCO_3 = NaL + H_2O + CO_2$$

(Si nous remplaçons L par Cl dans la formule ci-dessus, l'équation montrera le processus de neutralisation de l'acide chlorhydrique HCl).

Une molécule d'acide gras est une longue chaîne d'atomes de carbone et d'hydrogène, de même qu'une molécule de cholestérol. Lorsque le sang contient trop d'acides gras, acide lactique et acide acétique, son pH a tendance à se dégrader et à diminuer. Plusieurs actions compliquées prennent alors place pour maintenir le pH du sang à un niveau acceptable. Un système de tampon dans le sang sous forme de sels alcalins travaille d'arrache pied à neutraliser les acides. Une autre solution consiste à solidifier certains des acides liquides en acide solides sous forme d'acides insolubles.

Le cholestérol en est un exemple. C'est pourquoi, même si vous ne mangez aucun aliment contenant du cholestérol, dès le moment que vous absorbez des sous-produits générant de l'acide votre corps fabrique du cholestérol. L'acide urique se transforme en urate solide, l'acide phosphorique en phosphate, etc. (Voir la section suivante).

Nous connaissons tous le rôle du cholestérol sur la circulation du sang, les désordres cardiaques et l'accumulation de plaques dans les artères. Ce que nous ne savons pas trop bien, c'est que l'acide coagule le sang. Les bains de bouche et les lotions après-rasages sont acides ; c'est pourquoi elles arrêtent les saignements. Comme il a tendance à coaguler le sang et que sa molécule est faite d'une longue chaîne d'atomes d'hydrogène et de carbone (comme les hydrocarbures), le cholestérol est également très susceptible de générer des caillots dans le sang.

— *Acide phosphorique*

La plupart des protéines alimentaires se combinent au soufre et au phosphore. Lorsque la protéine est métabolisée, ces éléments demeurent sous forme d'acide sulfurique et phosphorique et doivent être neutralisés par les minéraux ammoniaqués et alcalins avant de pouvoir être éliminés sans danger par les reins. La plupart des céréales contiennent également beaucoup de soufre et de phosphore qui se transforment en acide sulfurique et en acide phosphorique.

D'après Webster, un calcul rénal est un dépôt dur de minéral qui se forme dans le rein à partir des phosphates (sels d'acide phosphorique), des urates (sels d'acide urique), etc. Un sel d'acide phosphorique contient une part de calcium destinée à neutraliser l'acide phosphorique très toxique. C'est pour cela que le calcul rénal ressemble à un dépôt blanc de calcium.

Certains blâment par erreur l'excès de calcium comme étant la cause des calculs rénaux. Le test de l'urine est la meilleure façon de différencier les dépôts de calcium et les calculs rénaux : les dépôts de calcium se dissolvent dans l'urine tandis que les calculs rénaux non. Ils ne se dissolvent que dans une solution alcaline.

En vieillissant, nous accumulons ces sels d'acides dans nos cellules aussi, causant leur durcissement (même sans le lien gluconique des molécules de protéine). Certains diététiciens affirment que la cause du vieillissement est l'accumulation de calcium dans nos cellules et ils préconisent des suppléments à base de magnésium pour libérer les dépôts de calcium dans les cellules. Le magnésium est plus faible que le calcium et ne peut pas le faire partir d'un sel de calcium. La raison pour laquelle le magnésium semble marcher est qu'il rend l'environnement plus alcalin si bien que les sels d'acides, phosphates et urates, se dissolvent.

— *Acide chlorhydrique*

Le corps humain génère de l'acide chlorhydrique HCl (suc gastrique) selon les besoins. Il n'y a pas de réservoir ni de poche pour stocker cet acide vu qu'il détériorerait l'organe qui le retiendrait. Il existe un système de retour d'information qui gère le pH de l'estomac et le maintient à 4, environ. Lorsque le pH dépasse cette valeur, les cellules périphériques de l'estomac génèrent de l'acide chlorhydrique à partir du chlorure de sodium et de l'acide carbonique afin de maintenir l'acidité stomacale.

$$NaCL + H_2CO_3 = HCl + NaHCO_3$$

Quand l'acide chlorhydrique va dans l'estomac, du bicarbonate de soude est injecté dans le sang. Cependant, lorsque la nourriture quitte l'estomac pour entrer dans l'intestin grêle, elle est trop acide pour être supportée par l'intestin et le phénomène inverse se produit. Le pancréas injecte du bicarbonate de soude (suc pancréatique) dans l'intestin tandis qu'il envoie de l'acide chlorhydrique dans le sang.

Quand le sang reçoit une solution acide du genre de l'acide chlorhydrique, nous ressentons de la fatigue et de la somnolence. La neutralisation de la solution acide par des composés alcalins comme le bicarbonate de soude crée de l'acide carbonique dans le sang. C'est cet acide qui nous rend léthargique.

Nous avons envie de dormir après un grand repas, pas pendant. Durant le repas, le sang reçoit du bicarbonate de soude et nous ne nous sentons pas fatigués. C'est après le repas, quand la nourriture sort de l'estomac pour entrer dans l'intestin grêle, que nous ressentons une certaine somnolence parce que c'est à ce moment-là que l'acide chlorhydrique passe dans le sang, créant de l'acide carbonique et acidifiant le sang.

$$HCl + NaHCO_3 = NaCl + H_2CO_3$$

Le chlorure de sodium est un sel essentiel pour le fonctionnement adéquat de notre corps.

Nous aurions l'usage de plus de sodium pour neutraliser les déchets acides ; c'est le reste de la formule, le chlore, qui présente un problème. Si nous pouvions fournir des minéraux alcalins tels que le sodium, le calcium et le potassium sous la forme NaOH, $Ca(OH)_2$ et KOH, ce serait mieux. L'eau alcaline le permet !

Un article dans « *USA today* » fait état de la publication en 1998 par l'Université de Californie à Berkeley d'un rapport affirmant que ce n'était pas le sodium du chlorure de sodium qui était mauvais pour la santé mais le chlore. Le rapport ajoutait que le chlorure de potassium avait le même effet négatif que le chlorure de sodium. Il faut cependant se souvenir que le ratio de sodium et de potassium est vital pour maintenir un équilibre normal d'eau dans les cellules et dans les fluides extracellulaires.

Dans ce chapitre, nous nous sommes concentrés sur les aliments. Cependant, vous remarquerez que je n'ai rien dit sur la valeur nutritionnelle des aliments ni sur les très importantes vitamines qu'ils contiennent. Il existe des centaines de livres sur la valeur nutritive et les vitamines contenues dans les aliments. Tout ce à quoi je me suis intéressé, c'est aux *déchets créés par les divers aliments*. Le point le plus important pour la santé, la longévité et l'inversion du vieillissement est la gestion et l'élimination de ces déchets.

Toute alimentation donne l'énergie et les éléments nutritifs nécessaires à notre fonctionnement et à notre croissance. Les différentes cultures proposent des mets divers, et tous, nous « vivons ». Les distinctions entre bonne et mauvaise alimentation se sont faites par le type et les quantités de déchets que ces aliments génèrent. Les meilleures sont celles qui génèrent le moins de déchets acides et la plus grande quantité de sous-produits neutralisant l'acidité. Cependant, comme 97% de notre nourriture est faite de carbone, d'azote, d'hydrogène et d'oxygène et que seuls 3% pourraient être des minéraux alcalins, quels que soient nos aliments, les déchets en seront acides en dernier ressort.

Si nous trouvons le moyen d'aider notre corps à éliminer chaque jour 100% des déchets, nous pourrons manger tout ce que nous apprécions tout en nous maintenant en bonne santé. C'est bien mieux que d'avoir à se soucier de ce que nous avons le droit ou non de manger et de risquer de manquer de plusieurs enzymes importants qui n'existent que dans certains types de produits. Nombreux sont les régimes si compliqués qu'on ne les comprend guère. Et il faut faire preuve d'une telle volonté pour s'y tenir ! Sans compter qu'il leur arrive d'être ennuyeux et sans saveur, en plus. Je ne dis pas qu'il faille se laisser aller à manger n'importe quoi, mais je trouve que se forcer à s'abstenir totalement de certains produits alimentaires est bien pire.

L'important à retenir de ce chapitre est le fait que tout aliment, qu'il soit sain ou malsain, cher ou économique, bon au goût ou immangeable, produit des déchets acides dont notre corps a besoin de se débarrasser. Et, Dieu merci, il ne vous est pas nécessaire de retenir toutes ces formules chimiques. Dans les chapitres suivants, nous allons parler de l'élimination des déchets acides de façon à rester jeune et en bonne santé.

# 4

# *Le corps humain*

## *Une machine à survivre*

Le corps humain est une merveilleuse machine à survivre, très bien conçue par le Créateur. Chaque jour, les scientifiques font de nouvelles découvertes sur le fonctionnement de notre organisme et chaque découverte ajoute à notre admiration et à notre appréciation. Un exemple simple que nous pouvons tous comprendre et qui nous émerveillera, c'est la sagesse de la conception du corps humain.

### *Une peau acide empêche l'invasion des bactéries*

Notre corps est conçu pour transpirer à travers la peau de façon à ce que l'évaporation du liquide puisse rafraîchir notre corps lorsqu'il fait chaud. Cependant la transpiration ne sert pas qu'à réguler la température corporelle. Elle protège aussi notre corps contre l'invasion des virus et des bactéries. La transpiration est une des façons d'éliminer les déchets acides. En même temps, elle maintient notre peau constamment acide, tuant ainsi virus et bactéries.

Lorsque nous subissons une opération et que notre peau est ouverte, nous sommes vulnérables aux virus et aux bactéries. C'est pour cela que nous risquons des infections après les opérations ou les coupures infligées à notre peau, et non pas parce que l'hôpital est moins bien tenu que notre maison. Les bactéries et les virus sont en permanence autour de nous. C'est notre système immunitaire personnel qui nous tient en vie et en bonne santé. Étudier ce don de Dieu qu'est notre système immunitaire et en fortifier les éléments est une bien meilleure solution que de concevoir des médicaments pour soigner les maladies après leur développement.

### *Influence des champs magnétiques et électriques*

Dans son livre *The Body Electric*, le Dr Becker explique que la repousse des membres de l'animal est contrôlée par un champ magnétique qu'il appelle le courant de la blessure. Le Dr Becker démontre également que les os humains ont la propriété d'une substance piézoélectrique et créent des champs magnétiques positifs ou négatifs selon qu'ils sont étirés ou compressés. Le champ électrique négatif aligne les molécules de collagène dans une direction qui reconstruit l'os et lui donne plus de force.

Il fit également des expériences sur les jambes des salamandres pour étudier les effets anesthésiants des champs magnétiques et électromagnétiques. La conclusion importante de ses travaux fut que le corps de l'animal était très influencé par les champs magnétiques et électriques invisibles de l'environnement. Il s'inquiète de la pollution électromagnétique qui nous entoure et qui pourrait bien tuer les gens à petit feu.

Il existe des champs électriques et magnétiques bénéfiques et d'autres néfastes. Le corps humain génère les champs nécessaires à la croissance et à la repousse des diverses parties de notre corps.

## *Théorie immunitaire*

Les allemands affirment que la réduction de l'oxygène dans notre corps diminue notre puissance immunitaire et ils préconisent d'infuser de l'oxygène par voie intraveineuse et rectale. Les Japonais disent que notre puissance immunitaire est diminuée lorsque le corps devient trop acide et ils préconisent les aliments alcalins et l'eau alcaline. Comme nous l'avons vu au chapitre 2, plus d'acide signifie moins d'oxygène ; les Allemands et les Japonais disent pratiquement la même chose. Toutefois je pense que les Allemands analysent le symptôme alors que les Japonais s'attaquent aux causes.

## *Système d'élimination*

Ce sur quoi nous sommes tous d'accord, c'est que nous sommes fatigués après une activité longue et énergique qui a généré une grande quantité de déchets plus rapidement que nous ne pouvons l'éliminer. Nous avons besoin de repos afin de permettre au corps de se débarrasser de ces déchets pour que nous nous sentions mieux. Pendant le repos, nous rejetons les déchets plus vite que nous ne les fabriquons. Les éliminer signifie l'augmentation de l'alcalinité et de l'oxygène.

### *Les reins, les bronches, la peau, etc.*

Quand nous nous reposons, le sang se charge de neutraliser les substances acides nocives et de les transporter aux reins et aux bronches. Les reins éliminent les déchets sous forme de sels neutralisés, l'acide urique, l'ammoniaque, etc. tandis que les bronches extraient le dioxyde de carbone de l'acide carbonique, rendant ainsi le sang plus alcalin. Le pH du sang est au plus haut lorsque celui-ci sort des bronches.

Lorsque nous parlons du pH du sang, nous nous référons au sang des artères car c'est celui qui vient directement des bronches où les dioxydes de carbone sont éliminés. Le pH du sang veineux varie suivant notre activité. Lorsque le pH artériel est bas, nous avons un problème. À 6,95, il peut signifier le coma et même la mort.

Au repos, nous générons un minimum de déchets. Nous continuons à brûler des éléments nutritifs afin de maintenir la température du corps même si nous n'avons aucune activité. Le surmatelas à infrarouges lointains, dont nous reparlerons au chapitre 6, peut aider le corps à maintenir sa température, permettant ainsi de brûler moins d'éléments nutritifs.

Nos déchets corporels sont éliminés principalement par l'urine et la transpiration. Les déchets intestinaux sont les restes des aliments qui n'ont pas été utilisés par notre corps. Je ne parlerai pas de ces déchets-là. Ceux dont je veux parler sont ceux créés dans nos cellules pour générer de l'énergie, pour réparer les cellules et pour la croissance. Il y a un petit phénomène d'élimination par le colon également, mais il est négligeable comparé aux liquides qui passent par les reins et la peau.

### *Le sang, principal véhicule*

Toutes les substances qui entrent dans nos cellules sont charriées par le sang et tout ce qui en sort prend le même chemin. Ces substances doivent donc être dissoutes dans le sang. Une fois que ces déchets sont amenés dans le sang, ils peuvent être transportés sous forme liquide aux bronches et aux reins. Si quelqu'un perd du poids, disons quinze kilos par exemple, à l'aide d'un régime spécial, ces quinze kilos de substances passent par l'urine et la transpiration. C'est pourquoi tous les régimes nécessitent l'absorption de beaucoup d'eau.

Les médecins ne vous précisent pas quelle eau vous devez boire avec votre régime. Vous vous doutez maintenant que l'eau alcaline serait meilleure parce que tous les déchets que vous désirez éliminer sont acides, tels que les acides gras, l'acide acétique, l'acide lactique, le cholestérol, etc. Pour que ces substances acides puissent s'évacuer sans danger, des minéraux alcalins devront être utilisés dans votre corps pour les neutraliser. C'est pourquoi les médecins testent votre sang pour vérifier que vous ne perdez pas trop de minéraux alcalins.

### *C'est l'eau alcaline qui aide le mieux*

Si vous buvez de l'eau alcaline, sans acide, pendant votre régime, vous ne risquez pas de perdre de précieux minéraux alcalins. Malheureusement la plupart des médecins ne savent rien de cette eau alcaline à haut pH et sans acide. La façon de fabriquer cette eau alcaline sera détaillée au chapitre 6.

## *L'homéostasie*

Pour maintenir la vie, le corps humain doit assurer une température constante et des valeurs de pH des fluides constantes (suc gastrique, sang, suc pancréatique). Nous avons vu au chapitre 3 comment se formaient le suc gastrique et le suc pancréatique. Le processus du maintien des valeurs de pH précisément entre 7,30 et 7,45 est beaucoup plus compliqué.

Comme je l'ai mentionné au chapitre 2, un verre de cola dont le pH est de 2,5 peut diminuer le pH de 40 litres d'eau de 7,40 à 4,60. En avalant des boissons particulièrement acides ou en pratiquant de l'exercice, nous rendons instantanément notre sang acide. Notre corps doit réagir rapidement pour lui redonner un pH raisonnable.

### *Tampons sanguins*

Dans le plasma de notre sang, deux composés, l'un alcalin et l'autre acide, sont dissous et lui maintiennent un certain équilibre. Le composant alcalin est le bicarbonate de soude ($NaHCO_3$) et l'autre est l'acide carbonique ($H_2CO_3$). Si nous augmentons la quantité d'acide carbonique, lorsque nous faisons de l'exercice par exemple, le sang devient plus acide. Dans ce cas, nous respirons profondément pour évacuer le $CO_2$ à travers les bronches afin de diminuer notre acidité.

Autre moyen d'éviter l'augmentation de l'acidité : les tampons alcalins du sang (bicarbonate et phosphate de soude $NaHCO_3$ et $Na_2HPO_4$). Le processus de neutralisation à l'aide de ces tampons est le suivant :

$$HCl+NaHCO_3 = NaCl+H_2O+CO_2$$
$$= NaCl+H_2CO_3$$
$$HCl + Na2HPO_4 = NaH_2PO_4 + NaCl$$

Dans la première équation, l'acide chlorhydrique et le bicarbonate de soude deviennent du sel et de l'acide carbonique. Dans le second processus, l'acide chlorhydrique et le phosphate de sodium alcalin génèrent le même sel et du phosphate de sodium acide ($H_2$). Il se trouve que le phosphate de sodium alcalin et le même sel acide sont des substances presque neutres.

### *Déchets restants*

Dans la première équation ci-dessus, l'acide carbonique est volatile : il peut être exhalé. Cependant, dans la seconde équation, le phosphate de sodium acide $NaH_2PO_4$ n'est pas volatile et ne peut donc pas être exhalé. Bien que ce type d'acide faible évite au sang l'acidité d'un acide chlorhydrique, l'accumulation de ce type d'acide non volatile mettra les reins à rude épreuve à la longue.

Si de grandes quantités d'acide non volatile apparaissent dans le sang, il y a des risques que les bases fixes de sels du sang, sodium et potassium, soient charriées à travers les reins et perdues pour le corps humain. Les minéraux acides, tels le soufre, le phosphore, le chlore, etc. nécessitent éventuellement des minéraux alcalins tels que potassium, sodium, calcium, magnésium et autres.

Un régime de viande et pommes de terre de plusieurs années avec insuffisamment de légumes et de fruits crée un déséquilibre et l'acidité du corps risque de croître graduellement. Avec l'âge, le corps extraira le calcium des os pour équilibrer le pH du sang et du corps.

Les os deviendront fragiles, l'ostéoporose se développera.

### *Conversion des acides liquides en acides solides*

Un autre truc du sang pour éviter l'acidification soudaine est de changer les acides liquides en acides solides non dissous, tels que le cholestérol et l'acide urique cristallisé. Si vous consommez de l'eau alcaline à fort pH, ces acides solides sont transformés en acides liquides et le pH diminue à un niveau normal. Si la quantité de minéraux alcalins est insuffisante, les acides solides risquent de s'accumuler causant éventuellement des problèmes de santé.

## *Style de vie et acidification*

Nous vivons dans un monde hautement compétitif. Nous sommes perpétuellement en mouvement, essayant de repousser nos limites. Nous restons éveillés tard pour suivre les dernières émissions à la mode. Nous nous levons tôt pour faire face à nos responsabilités. Nombreux sont ceux d'entre nous qui ne savons pas nous relaxer et prendre la vie du bon côté. Même dans la pratique du sport, l'esprit de compétition nous gagne rapidement.

### *Les acides dus au stress*

Le stress tant physique que mental augmente notre acidité. L'ulcère de l'estomac en est un bon exemple. Sous pression, nous brûlons une plus grande quantité d'éléments nutritifs en une période plus courte, créant ainsi plus de déchets que notre corps ne peut en éliminer. C'est pourquoi le stress accélère le vieillissement. L'exercice est une forme de stress, mais il est généralement suivi d'une période de repos et de relaxation. Un exercice bien dosé suivi d'une période adéquate de repos aide à se débarrasser des déchets, même de ceux que l'on a accumulés, surtout si en même temps nous buvons de l'eau alcaline. L'exercice augmente la température interne du corps et accroît le diamètre des vaisseaux capillaires encombrés. Le sang à une température élevée dissout les vieux déchets profondément « enfouis » dans ces capillaires. Il arrive de ressentir un léger étourdissement. Trop d'exercice sans repos pourrait causer des problèmes d'acide lactique, les éléments nutritifs étant incomplètement brûlés par manque d'oxygène.

### *Le stress mental, le pire*

Le stress mental peut être plus dévastateur que le stress physique parce qu'il n'y a pas de période de repos. Il peut persister jusqu'à totale acidification du corps. C'est un cercle vicieux. Le stress mental crée de l'acide et l'acide peut accroître la sensation de dépression. Les médecins japonais estiment que boire de l'eau alcaline peut changer un sentiment de dépression en sentiment plus calme, plus gai.

### *Le régime acide et les boissons*

Que dire des régimes ? Viandes et pommes de terre ? Huîtres et langoustes ? De nos jours, les gens sont plus conscients de leur santé, mais continuent à manger plus d'aliments créant de l'acidité que d'aliments alcalins. Certains des soi-disant régimes de santé sont ennuyeux et immangeables. Tout ce que nous aimons semble mauvais pour nous, que ce soit trop riche en cholestérol, en sucre, en sodium, etc.

Ce fait est tellement déroutant que les gens finissent par ne plus s'en inquiéter. Certains même arguent que s'ils doivent vivre sans le plaisir de la nourriture, ils ne tiennent pas, de toute façon, à prolonger leur vie. Et les boissons ? Nous sommes la génération Pepsi ou Coca ! Les animaux savent instinctivement ce qui est bon pour eux alors que les êtres humains mangent et boivent ce que la télévision leur recommande.

### *Résultat : stockage des déchets acides*

Que signifie pour notre corps cette façon de vivre ? Tout simplement que nous ne permettons pas à notre corps d'éliminer totalement les déchets acides. Et ce que nous n'éliminons pas, nous le stockons quelque part dans notre organisme. Comme nous ne supporterions pas que le pH du sang soit diminué par ces produits acides, nous nous contentons de les stocker en dehors du flot sanguin.

Nous rencontrons souvent des personnes souffrant d'un problème d'obésité. En quoi consiste exactement cet excès de poids ? La réponse est simple: les acides gras. Lorsque nous ingérons trop d'hydrates de carbone (glucides) et que nous ne les brûlons pas, ils se transforment en acides gras. J'ai déjà mentionné le fait qu'au repos, votre corps élimine plus de déchets qu'il n'en génère. Cependant, il ne se débarrasse pas des éléments nutritifs non brûlés. Nous pouvons brûler ces acides gras « plus tard », quand nous en aurons besoin. C'est en quelque sorte un réservoir d'énergie, mais parfois, « plus tard » ne vient jamais et nous nous contentons de remplir ce réservoir tant et plus.

### *Effets du stockage des acides*

Comme je l'ai mentionné plus tôt, les acides coagulent le sang et il n'y a pas beaucoup de circulation sanguine là où il y a de la graisse. En général, les réseaux capillaires autour des accumulations d'acides gras sont bouchés. Bien qu'il y ait de nombreuses exceptions, ces acides gras se concentrent généralement sous la peau à la taille pour les hommes et aux hanches, aux cuisses et aux seins pour les femmes. Les organes et les tissus proches des accumulations d'acides gras reçoivent une moindre quantité de sang et peuvent s'en trouver endommagés à la longue.

Comparez le visage d'une femme jeune à celui d'une femme plus âgée : vous remarquerez la différence d'accumulation de graisse chez la plus âgée. Sa peau ne reçoit pas autant de sang que celle de la plus jeune, ce qui lui fait perdre de l'élasticité. Il lui faut plus de maquillage pour masquer les rides et prendre quelque couleur. Cette accumulation de graisse s'installe graduellement sur une longue période de temps.

### *La patience*

Toute suppression hors nature, instantanée de ces graisses peut causer des effets secondaires. Elle peut permettre de paraître plus jeune, mais cela ne dure pas. Même après un lifting, le visage redeviendra gras car les acides sont toujours là. Je plains celles qui se font retirer les rides du visage alors que l'intérieur du corps reste acide et vieux. Le meilleur remède consiste à boire de l'eau alcaline pendant quelques années, non seulement pour supprimer les graisses du visage, mais pour réduire le niveau des acides dans tout le corps (Voir chapitre 6). Alors, sans vous en rendre compte, les rides disparaîtront et la couleur reviendra naturellement, sans effets secondaires. Mais ce procédé naturel prend malheureusement du temps.

L'impatience est la première caractéristique de notre style de vie. Une marque réputée de cachets antiacides affirme dans sa publicité que sa médication agit en 4,7 secondes ! Le vieil adage prévaut : les bonnes choses valent la peine que l'on attende. Quand vous vous organisez pour vivre trois cent ans, attendre quelques années que votre jeunesse et votre santé reviennent est bien peu de chose. Une bonne compréhension du processus de vieillissement vous donnera la patience et la motivation à boire de l'eau alcaline et à faire ce qu'il faudra pour aider votre corps à se débarrasser des déchets acides lentement mais sûrement.

# 5

# *Les maladies*

## *Maladies contagieuses, maladies d'adultes*

Les Japonais rangent les maladies en deux catégories : les maladies contagieuses et les maladies d'adultes. Les maladies contagieuses sont causées par les virus et les bactéries et, à l'exception du Sida, la médecine moderne est très au point pour les soigner. D'ici quelques années, elle trouvera également le moyen de soigner le Sida, j'en suis certain. Les maladies d'adultes sont des maladies non contagieuses que nous développons juste parce que nous vieillissons.

Par exemple, les cancers, les maladies de cœur, l'artériosclérose, la tension artérielle excessive, le diabète, l'arthrite, la goutte, les maladies rénales, la diarrhée ou la constipation chroniques, les hémorroïdes, l'asthme, le rhume des foins, les allergies, les maux de tête, les névralgies, le psoriasis, l'urticaire, l'eczéma et autres maladies de peau, l'hyperacidité, l'indigestion, les gaz, la nausée, la fièvre, l'obésité, les maladies des dents et des gencives, l'ostéoporose, les crampes des jambes, la gueule de bois, les indispositions matinales.

### *Causes communes aux maladies des adultes*

Les Japonais affirment que les causes sous-jacentes de ces maladies d'adultes sont l'accumulation des acides dans notre corps, une circulation sanguine faible et une activité cellulaire médiocre. Depuis la découverte de l'efficacité de la pénicilline contre les maladies infectieuses causées par les bactéries et les virus, les chercheurs médicaux ont voulu trouver des médicaments pour soigner toutes les maladies d'adultes. Aucune de ces médecines ne réduit l'acidité du corps. En fait, la plupart d'entre elles sont elles-mêmes acides.

Du moment que toutes ces maladies sont causées, d'après les Japonais, par l'excès d'acidité dans le corps, la « cure » aura au mieux un effet temporaire. Et si les médicaments étaient aptes à supprimer l'acidité de la zone affectée, l'acide irait se nicher dans une autre zone du corps et créerait des effets secondaires à cet endroit, sauf si le traitement inclut l'élimination des déchets acides du corps. C'est pourquoi la science médicale actuelle est plutôt pauvre en ce qui concerne les maladies des adultes.

## *Le cancer*

### *Le développement des cellules cancéreuses*

Le Dr Otto Warburg, biochimiste allemand, a découvert la « cause » du cancer en 1923 et a reçu en conséquence le prix Nobel en 1931. Dans son livre *Le métabolisme des tumeurs*, le Dr Warburg a démontré que la cause première du cancer était le remplacement de *l'oxygène* dans la chimie respiratoire des cellules normales par la fermentation du *sucre*. Le développement de cellules cancéreuses est un processus de fermentation qui ne peut s'amorcer qu'en l'absence relative d'oxygène.

On peut se demander comment une cellule peut survivre, et en plus se développer, en l'absence d'oxygène. Il est cependant un fait que les cellules des plantes sont de ce type. L'oxygène est un déchet qu'elles éliminent.

Autrement dit, les cellules cancéreuses sont des cellules de plantes vivant dans un animal. Il semblerait que l'Institut National contre le Cancer ait vérifié les théories de Warburg dans les années 1950, mais que peu de travaux aient été entrepris pour déterminer les causes de *l'absence d'oxygène* dans le corps humain.

Parmi les médecins américains, le Dr Sheldon Saul Hendler est peut-être l'un des seuls qui prône la déficience en oxygène comme cause de bien des affections. Dans son livre intitulé *The Oxygen Breakthrough, 30 Days to an illness-Free Life* (La percée de la théorie de l'oxygène : 30 jours pour vivre une vie sans maladie), le Dr Hendler enseigne des exercices respiratoires et des régimes riches en oxygène pour vaincre les problèmes de déficience en oxygène.

Depuis la découverte de Warburg, les chercheurs ont tenté de stopper le processus de fermentation par médications, irradiations ou chirurgie qui ont, dans certains cas, été temporairement efficaces. En même temps, les allemands essaient de faire parvenir plus d'oxygène aux cellules saines de façon à prévenir le phénomène de fermentation.

### *Thérapies par l'oxygène*

Il existe des dispositifs et des méthodes pour fournir plus d'oxygène aux cellules. Le livre de Ed McCabe, *$O_2$xygen Therapies* fait état d'un traitement au peroxyde d'hydrogène $H_2O_2$ et à l'ozone $O_3$. En buvant une solution diluée de peroxyde d'hydrogène ou en injectant de l'ozone par voie intraveineuse ou rectale, il est possible de placer dans le sang un supplément d'oxygène sans passer par les bronches.

Nous avons appris récemment que des médecins européens utilisaient depuis longtemps pendant des opérations chirurgicales le troisième poumon du corps humain, le colon, compte tenu de sa capacité à absorber jusqu'à 70% de l'oxygène que l'on y introduit.

Bien que j'aie entendu un médecin affirmer qu'il avait détruit 80% d'une tumeur du sein en injectant directement de l'ozone dans la tumeur, je questionne la validité de cette méthode de traitement par l'oxygène sauf au cas où le patient aurait un problème respiratoire l'empêchant d'absorber l'oxygène par les bronches. En effet, l'oxygène infusé de cette manière finit par se dissiper et ne change pas l'environnement acide en environnement alcalin.

### *La vraie cause du cancer*

Dans son livre *Acid and Alkaline*, Herman Aihara précise que :

« Si nos fluides extracellulaires et notamment le sang deviennent acides, notre condition physique manifestera tout d'abord de la fatigue, une tendance à attraper des rhumes, etc. Lorsque ces fluides deviennent plus acides, notre condition physique manifeste de la douleur et des souffrances telles que maux de tête, douleur de poitrine, maux d'estomac et autres. Selon Keiichi Morishita dans son livre *Hidden Truth on Cancer* (La vérité cachée sur le cancer), si le sang devient plus acide, alors notre corps dépose inévitablement en quelque partie ces substances acides en excès afin que le sang puisse maintenir son équilibre alcalin.

Si cette tendance perdure, ces zones de dépôt augmentent d'acidité et certaines cellules meurent ; ensuite, ces cellules elles-mêmes se transforment en acide. Cependant certaines cellules peuvent s'adapter à cette situation. En d'autres termes, au lieu de mourir – comme les cellules normales le feraient dans un environnement trop acide – certaines cellules survivent en devenant anormales. Ces cellules anormales sont appelées cellules malignes. Les cellules malignes n'ont pas de correspondance avec notre cerveau ni avec les codes mémoire de notre ADN. Les cellules malignes se développent indéfiniment et sans ordre. C'est le cancer ».

Au chapitre 2, je vous ai montré la relation entre l'alcalinité et l'excès d'oxygène dans l'eau. Mr Aihara ne mentionne rien concernant le manque d'oxygène mais parle plutôt de l'acidification des fluides extracellulaires comme étant la cause du cancer. Le Dr Warburg précise que la première cause du cancer est le manque d'oxygène dans les cellules, comme dans les cellules de plantes. Il ignorait la cause du manque d'oxygène.

Je pense que le Dr Warburg se préoccupait des symptômes de l'accumulation d'acides plutôt que de sa cause. Mr Aihara enfonçait correctement le clou. La solution allemande était de soulager le symptôme en fournissant plus d'oxygène tandis que la solution japonaise consistait à réduire la vraie cause, l'acidité, par un régime riche en alcalins et par l'eau alcaline.

### *Thérapies alcalines*

Lorsque vous buvez de l'eau alcaline, c'est une eau avec de l'oxygène en supplément, pas sous la forme de $O_2$ mais sous celle de OH-, qui est très stable parce qu'elle est couplée avec des minéraux alcalins ionisés positifs. Deux de ces ions hydroxyles peuvent former une molécule d'eau et céder un atome d'oxygène. Le minéral alcalin sert à détoxiquer les composés acides nocifs, et au cours de cette réaction, l'ion hydroxyle est libéré pour fournir de l'oxygène en supplément aux cellules afin de prévenir la formation de cancer. Une façon de faire d'une pierre deux coups.

Nous parlons de deux sortes d'oxygène. L'une est de forme dynamique, $O_2$, et l'autre est d'une forme alternative stable, OH- couplée avec des minéraux alcalins ionisés positifs. Le corps humain a besoin de ces deux sortes d'oxygène. Si vous retenez votre souffle, la fourniture de $O_2$ s'arrête et vous mourez ; et si votre pH corporel passe au-dessous de 7, OH- est coupée et vous mourez aussi. Lorsque la respiration s'arrête, $O_2$ est utilisé en premier, OH- en second, puis la mort surviendra. Cela prend environ trois minutes. Les individus à plus haute alcalinité, comme les bébés, survivraient plus de trois minutes.

En repensant aux travaux de ces deux scientifiques, nous pouvons imaginer ce qui se passe dans notre corps et en donner la description suivante. Lorsque l'environnement de la cellule devient trop acide, il n'y a pas suffisamment d'oxygène pour toutes les cellules dans cette zone. Pour qu'une partie de ces cellules puisse toutefois survivre dans ces circonstances, certaines d'entre elles se changent sélectivement en cellules de plantes afin de pouvoir absorber le $CO_2$ et relâcher $O_2$. Ce qui est commode sur le moment peut s'avérer dommageable par la suite, mais au moins cela aura permis de survivre un peu plus longtemps. N'oublions pas que le corps humain est une merveilleuse conception de machine à survivre.

### *Thérapies médicales conventionnelles*

De nos jours, l'industrie médicale traite les cellules malignes comme si c'étaient des virus ou des bactéries. Les scientifiques cherchent à les détruire par tous les moyens y compris au risque de détériorer le système immunitaire du patient. Comme les cellules malignes sont dérivées des cellules saines, essayer de détruire les premières affectera les autres. La chimiothérapie et les traitements par radiations sont peut-être capables de détruire « toutes » les cellules malignes, mais en même temps les cellules saines sont touchées au point de ne plus être capables de se protéger de simples bactéries de tous les jours et la personne peut en perdre la vie.

La chirurgie appliquée à une tumeur maligne est peut-être plus sélective. Cependant, même après une opération « réussie » où « toutes » les tumeurs ont été retirées, celles-ci peuvent se reformer parce que l'environnement acide n'a pas été transformé en environnement alcalin. Le traitement par les radiations après opération est une autre erreur. Il va détruire quelques cellules saines qui vont devenir des déchets acides. Une piqûre de bicarbonate de soude pourrait être plus appropriée que les radiations sous réserve de maintenir une juste proportion de sodium et de potassium.

Il est très décourageant de constater que les recherches sur le cancer sont divisées en un si grand nombre de spécialités : cancer du foie, du col utérin, des reins, du pancréas, etc. La cause de tous les cancers est le manque d'oxygène causé par l'acidification. Mais lorsque tant de médecins se spécialisent dans des domaines aussi étroits de recherches sur les cancers, on voit bien qu'ils ne pourront pas avoir de véritable image globale. Ils seront perdus dans un dédale pour toujours.

### *Les meilleurs moyens de prévention du cancer*

Boire de l'eau alcaline à haut pH aidera sans conteste à prévenir le cancer. Des recherches devraient être entreprises par l'Institut National de Recherche sur le Cancer pour définir et constater que l'eau alcaline peut aider à soigner les stades précoces de cancer suivant leur état d'avancement. Je suis certain qu'il y a un point de non retour. Cependant, puisque les cellules saines sont alcalines et que les cellules malignes sont acides, boire de l'eau alcaline ne causera aucun tort aux cellules saines alors que cela pourrait détruire les cellules malignes. Cela vaut la peine d'essayer.

### *Maladies de cœur, artériosclérose, tension élevée*

Le sang est le système de transport du corps. Il amène les éléments nutritifs aussi bien que l'oxygène à vos tissus. Il en rapporte également les déchets et aide à maintenir la température du corps. Afin de s'acquitter de ces nombreuses tâches, votre sang doit pouvoir circuler continuellement. Votre cœur est au centre de la circulation : il pompe au moins cinq litres de sang à la minute.

L'acidification du corps commence dans le sang. Comme je l'ai dit précédemment, le sang joue un rôle d'équilibre pour maintenir son pH dans la zone sûre de 7,30 à 7,45. Le sang a une réserve tampon de bicarbonate de soude pour neutraliser les composés acides puissants venus des cellules comme déchets du métabolisme. Lorsque le niveau de ce tampon est trop bas, l'acidité se développe.

### *Acidose et pression sanguine élevée*

Le Dr Kancho Kuninaka, l'un des pionniers du traitement à l'eau alcaline au Japon, affirme que pratiquement sans aucune exception, les patients dont la pression sanguine est élevée souffrent d'acidose. Il peut citer plusieurs cas cliniques où l'eau alcaline à fort pH, libre de tout acide, a fait baisser la pression sanguine.

Il existe plusieurs explications plausibles de ce phénomène. Comme le sang à fort pH contient de l'oxygène en excès, le cœur n'a pas besoin de travailler autant. Autre facteur : la viscosité du sang à plus haut pH est plus fluide, si bien que le cœur n'a pas à pomper aussi fort. Une raison supplémentaire pourrait être les ions calcium de l'eau alcaline qui dissoudraient la plaque et le cholestérol accumulés sur les parois des artères, en libérant le passage.

Les médecins savent que si vous prenez plusieurs inspirations profondes avant de mesurer la pression sanguine, celle-ci peut être inférieure. Vous avez temporairement élevé le pH du sang en expirant plus de $CO_2$ et en inspirant plus de $O_2$. Si vous pouvez diminuer la pression en utilisant ce truc, c'est qu'elle est due aux deux premières raisons exposées plus haut : vous devriez donc pouvoir abaisser votre pression sanguine en buvant de l'eau alcaline pendant quelques mois.

### *Les thérapies à l'eau alcaline*

L'exemple ci-dessus est valable dans le cas où la pression oscille entre haut et bas. Mais si votre pression artérielle est toujours haute, il y a des risques que vos artères soient en train de rétrécir (artériosclérose) et il faudra longtemps, probablement un an ou plus, pour que cette pression diminue au moyen de l'eau alcaline : le temps de dissoudre la plaque et le cholestérol encombrant les parois des artères. Mais cela marchera, à force. Ce procédé lent n'a pas d'effets secondaires. Il diminue la pression sanguine en en supprimant la véritable cause.

### *Les thérapies par les pilules*

Les pilules contre la pression sanguine sont conçues pour tromper notre corps par des moyens chimiques afin de forcer la pression à diminuer. C'est la raison pour laquelle toutes ces pilules ont des effets secondaires. Faute de diminuer le niveau d'acidité dans le sang qui en est la vraie cause, tout autre médication ne peut qu'être plus nocive et vous forcer à prendre des pilules pour le reste de votre vie. N'oubliez pas que votre pression sanguine est forte parce que votre corps, cette merveilleuse machine à survivre, essaye de compenser quelque autre déficience.

### *La pression sanguine et la cigarette*

Une de mes amies à Tampa en Floride m'a parlé de son problème spécifique de pression sanguine. Il lui fallait aller plusieurs fois par semaine se faire prendre la tension. Elle prenait des pilules et voulait arrêter, mais le médecin voulait s'assurer qu'elle pouvait le faire sans risque.

Le côté original de son problème, c'était qu'à la fin d'une journée folle au bureau, elle aurait dû avoir une pression élevée, alors que ses mesures étaient normales. Tandis que durant le week-end, alors qu'elle se reposait à la maison en regardant la télé et en lisant des livres, sa tension était anormalement élevée, si élevée que l'infirmière était obligée de faire venir le médecin.

J'observais que tout en me racontant cette histoire elle était en train de fumer. Je lui fis donc remarquer que si sa pression montait et descendait d'une façon conséquente, cela indiquait à mon avis que le problème pouvait être causé par le niveau variable de l'oxygène dans son sang, et je lui ai dit que fumer pouvait diminuer le niveau d'oxygène.

Alors elle m'a regardé d'un air effaré et m'a rétorqué : « Tu sais, Sang, nous n'avons pas le droit de fumer au bureau ! » Sa conception de la détente à la maison, c'était regarder la télé en fumant. Je lui ai donc confirmé qu'elle n'avait pas de problème de pression sanguine mais bien un souci avec la cigarette. Elle répondit qu'elle allait avoir à le régler.

### *La pression sanguine et le sucre*

Les gens souffrant d'hypertension sont avisés par leur docteur de ne pas manger trop gras, de diminuer la quantité de viande, d'éliminer le sucre et d'arrêter de fumer. Ils devraient y ajouter de supprimer les boissons gazeuses. La question est : qu'y a-t-il de commun entre toutes ces choses ? La réponse est qu'elles volent de l'oxygène à votre corps. Non seulement fumer réduit l'oxygène disponible, mais en plus la nicotine a pour effet de réduire le diamètre des vaisseaux capillaires. Nous savons déjà que tous les aliments et toutes les boissons acides diminuent le niveau de l'oxygène dans le sang. Et le sucre ?

Le sucre s'empare de l'oxygène en toute première priorité. M. Gregory Grosbard de Miami en Floride a obtenu un brevet sur l'utilisation du sucre pour renforcer les matières plastiques. Chaque fois qu'une matière plastique est chauffée, elle perd de la force, parce que l'oxygène de l'atmosphère entre dans le matériau sous l'effet de la chaleur créant des « trous d'oxygène ». Lorsque M. Grosbard a mélangé une petite quantité de sucre au matériau plastique durant le cycle de chauffe, le sucre a fixé l'oxygène le premier rendant la matière plastique plus solide.

### *Les effets des boissons gazeuses*

Les sodas, surtout ceux du type cola, sont très acides. Un de mes amis dentiste m'a dit qu'il pouvait démontrer le processus de carie dentaire en plongeant une dent extraite dans un verre de cola et en la regardant se détériorer.

Au chapitre 2, j'ai calculé que pour neutraliser un verre de cola de pH 2,5 il faudrait 32 verres d'eau alcaline à un pH de 10. Un verre de cola a pris $160 \times 10^{20}$ de fois l'oxygène de 32 verres d'eau alcaline.

Les boissons gazeuses tuent lentement. Il serait intéressant d'expérimenter les effets de l'eau alcaline et des boissons gazeuses sur des souris de laboratoire. Si nous disposions de trois groupes de souris égaux en âge et en condition de santé, et que nous donnions au premier groupe uniquement du soda, au deuxième uniquement de l'eau distillée et au troisième de l'eau alcaline, quel serait le résultat ? Il nous est facile de deviner quel groupe vivrait le plus longtemps et lequel aurait la plus courte vie.

Nous avons dernièrement été alarmés du nombre de jeunes gens frappés de maladies dites d'adultes qui, avant, se concentraient sur les personnes de quarante ans et plus. Je ne serais pas surpris de constater que la fréquence de ces accidents ait une relation directe avec le succès et la croissance des grandes marques de sodas.

L'acidité de certaines boissons gazeuses est causée par le dioxyde de carbone, ce qui n'est pas totalement désastreux car nous pouvons l'éliminer en respirant. Mais certaines boissons demeurent hautement acides même après l'élimination totale du dioxyde de carbone. Peut-être les sociétés protectrices des consommateurs devraient-elles demander que soit clairement indiqué sur les emballages l'acidité de ces boissons.

## *Le diabète*

Dans un corps sain, le pancréas produit de l'insuline qui l'aide à gérer et à utiliser le sucre et les hydrates de carbone correctement. Le diabète d'adulte a pour nom *diabète insulino-indépendant*. Le Guide médical familial de l'AMA le définit comme suit.

« Le diabète insulino-indépendant : dans cette forme de diabète qui affecte habituellement les personnes de plus de quarante ans, les cellules productrices d'insuline dans le pancréas fonctionnent, mais la production d'insuline est inadéquate pour les besoins du corps. Les gens souffrant de cette forme de la maladie mangent trop et sont généralement obèses. Leur excès de nourriture cause une surabondance de glucose dans le sang et le pancréas ne peut pas produire suffisamment d'insuline pour y remédier. L'hérédité est également un facteur important. Dans pratiquement un tiers des cas, il y a des antécédents familiaux de cette maladie. L'âge est aussi un facteur déterminant compte tenu de l'efficacité déclinante du pancréas ».

### *Les thérapies à l'eau alcaline*

Le Dr Keijiro Kuwabara du Japon a traité le diabète en clinique avec un franc succès en utilisant l'eau alcaline. Il rend compte qu'un médecin du travail avait diagnostiqué un diabète insulino-indépendant chez un employé de compagnie d'assurance de 49 ans. Un mois d'absorption d'eau alcaline avait réussi à faire descendre le taux de sucre, de 300mg/dl un mois plus tôt, à un niveau virtuellement indétectable.

Le pancréas produit l'un des fluides les plus élevés en pH, le suc pancréatique, d'un pH de 8,8. Un manque d'ions calcium dans le corps détériore la production et la sécrétion de l'hormone insuline. Cela conduit à acidifier le sang. L'obstruction des vaisseaux sanguins par une accumulation excessive de protéines provoque le même dérèglement des fonctions pancréatiques. L'eau alcaline, en fournissant le calcium sous forme ionisée et en aidant à prévenir les accumulations excessives de protéines, peut permettre d'éviter et peut soigner ce déséquilibre.

En vieillissant (nous savons maintenant que cela signifie « en accumulant les déchets acides »), on dit que les fonctions pancréatiques perdent de leur efficacité. Apparemment nous accumulons des déchets acides autour du pancréas, les hommes plus que les femmes. Les hommes commencent par accumuler des acides gras autour de la taille.

### *Les maladies d'adultes et l'hérédité*

Ici, l'hérédité pourrait signifier en quelque sorte que les membres de cette famille ont tendance à accumuler les déchets acides en premier sur le pancréas ou tout près. Avant quarante ans, la quantité d'accumulation d'acide n'est pas suffisante pour ralentir les fonctions du pancréas. Donc en buvant régulièrement de l'eau alcaline, ces personnes n'auront pas de diabète, même à 70 ou 80 ans. Après tout, ils ne souffraient pas de diabète avant 30 ans : il n'y avait pas assez d'accumulation de déchets acides avant cet âge.

S'ils peuvent atteindre l'âge chronologique de 40 ou 50 ans tout en maintenant le niveau de déchets acides de leurs 30 ans, ils n'auront jamais de diabète. Les problèmes d'hérédité ne sont pas obligatoirement liés à l'âge chronologique. Par contre le traitement par l'eau alcaline sera sans effet sur les autres causes de diabètes telles que les lésions du pancréas, etc.

## *L'arthrite, la goutte*

Nombreuses sont les formes d'arthrite et de goutte qui tirent leurs origines de l'accumulation d'acides dans les articulations. Les personnes lourdes ajoutent de la pression à leurs articulations et accélèrent leur usure ; cependant, un jeune s'en sort mieux même avec du poids. C'est l'accumulation d'acides qui abîme les cartilages et irrite les articulations. Malheureusement, les articulations sont difficilement accessibles par le sang qui par conséquent ne peut pas en extirper aisément les déchets.

La goutte est l'accumulation d'acide urique dans les articulations. Selon Webster, la goutte est une maladie résultant du dérèglement du métabolisme caractérisé par un excès d'acide urique dans le sang et des dépôts de sels d'acide urique dans les tissus autour des articulations, tout particulièrement des mains et des pieds, causant des boursouflures et des douleurs sévères surtout à l'orteil.

Il n'existe pas de traitement efficace par la médecine actuelle pour ces types de maladies dégénératives. Comme cela fait mal, on prend instinctivement des anti-douleurs alors que l'aspirine par exemple est acide et peut irriter encore plus les articulations. Plus tôt nous admettrons que ces maladies sont le résultat d'un excès de déchets acides, plus vite nous trouverons une cure pour ces problèmes.

### *Masquer le problème ou en supprimer la cause ?*

De nos jours, les pommades anti-douleurs pour l'arthrite sont souvent mises en avant. Cela n'est qu'une façon temporaire de masquer le problème. Dernièrement, les médecins tendent à prescrire également un changement de régime. C'est un pas dans la bonne direction. Boire de l'eau alcaline changera la condition acide de telle manière que le corps sera capable par lui-même de régler le problème.

Mme Ginny Sirhal de Fort Lauderdale en Floride m'a écrit :

*« Cher M. Whang,*

*Compte tenu de la situation de l'eau à l'heure actuelle, mon mari et moi, à notre âge (65 et 69 ans), nous faisons du souci. Nous avons installé le meilleur filtre disponible il y a plusieurs années, mais après avoir lu ce que l'ioniseur d'eau Super Ion-Q pouvait faire pour éliminer toutes les toxines de notre système, j'en ai commandé un au mois d'octobre : nous l'avons depuis six mois.*

*Mon mari a un taux important d'acide urique ; il est diabétique et cela lui cause de l'arthrite et de la goutte. Ses mains, ses doigts, ses genoux, en fait toutes ses articulations lui faisaient très mal, l'empêchant de jouer au golf et parfois même de se déplacer. Il ne souffre presque plus maintenant et pense que c'est dû à l'eau ionisée qu'il boit. Il affirme qu'il ne peut plus s'en passer.*

*Quant à moi, j'ai de l'hypertension, j'ai une pression artérielle élevée. Je ne taris pas d'éloges sur cette eau. Mon café, mes cocktails ont meilleur goût et je me sens mieux. Amy, ma petite fille de 12 ans, a pu se débarrasser complètement de ses boutons d'acné en utilisant chaque jour l'eau du côté astringent sur son visage. C'est magique !*

*Je le garantis à tout le monde : cette machine les maintiendra en bonne santé, ils n'auront plus besoin de médecin. Elle est fantastique. Nous sommes très contents de l'avoir dans notre cuisine ».*

### *Les maladies dégénératives*

En général, les maladies dégénératives sont le résultat de l'accumulation de déchets acides dans notre corps. C'est à la naissance que nous disposons de la plus forte concentration de minéraux alcalins et du plus haut pH corporel. Parti de là, le cours normal de la vie nous amène à nous acidifier graduellement. C'est la raison pour laquelle ces maladies dégénératives ne se déclarent pas pendant notre jeunesse. Elles démarrent après 40 ans. La différence entre vous à 20 ans et vous à 40, c'est qu'entre temps vous avez accumulé des déchets acides.

Tant que les médecins n'accepteront pas ce fait et continueront à chercher des cures aux maladies dégénératives, ils ne réussiront pas. Ils savent qu'un changement de régime aidera, mais cela leur prend trop de temps, et à leurs patients aussi.

Ce que j'espère, c'est que les efforts faits pour inverser le processus de vieillissement auront pour effet secondaire d'améliorer naturellement la condition de toutes ces maladies dégénératives !

## *Affections rénales*

Plus le corps produit de déchets acides, plus les reins sont mis à l'épreuve car ils doivent séparer ces acides du sang et les éliminer. Coliques néphrétiques, empoisonnement urémique, maladies de la vessie et autres sont tous des problèmes d'acidité qui peuvent être résorbés par la consommation d'eau alcaline. Celle-ci aide également à contrôler la pression osmotique dans les reins.

## *Calculs rénaux*

Les calculs rénaux se forment dans les reins ; ils commencent habituellement par de tout petits grains de substance solide. Puis, à mesure que de la matière s'y ajoute, le grain devient graduellement un objet solide. Les substances en question sont notamment des phosphates et des urates. Ce sont des sels d'acide phosphorique et d'acide urique généralement combinés à du calcium ou du magnésium. Ils se forment dans les reins à cause d'une acidité excessive de leur environnement. Ces sels sont des sels acides.

Bien que le calcium et le potassium soient dans ces sels, ils sont là pour adoucir l'effet nocif de l'acide urique et de l'acide phosphorique. Certaines personnes pensent à tort que les calculs rénaux se forment à cause d'un excès de calcium. Cela n'est pas vrai. La meilleure preuve en est que le composé de calcium va se dissoudre dans l'urine acide tandis que les calculs, non.

Si vous ajoutez du calcium dans la vessie et que vous abaissiez l'acidité de l'urine, les calculs rénaux se dissoudront. Boire de l'eau alcaline en quantité évitera la formation de calculs pour commencer et, même après leur formation, pourra les dissoudre. Comme l'urine est acide ainsi que la plupart des autres déchets, si votre corps dispose de plus de calcium que nécessaire, il le dissoudra dans l'urine pour s'en défaire. Cela aidera en même temps à dissoudre les calculs rénaux s'il y en a. Il n'y a aucune raison de s'inquiéter d'une consommation excessive de calcium.

### *Diarrhée chronique et constipation*

Cela ressemble à une affirmation contradictoire, mais ces deux phénomènes en apparence opposés sont l'un et l'autre causés par des acides en excès. Si trop d'acide affecte le suc pancréatique, le rendant moins alcalin, et que les aliments parvenant aux intestins deviennent trop acides, cela provoque de la diarrhée. L'eau alcaline aidera dans ce cas. Comment soulager la constipation est un peu plus difficile à comprendre.

Le Dr Kyuwan Choi, professeur de médecine interne à l'Université de Séoul, s'est livré à une expérience clinique sur 15 patients souffrant de constipation chronique depuis au moins un an. Son expérimentation consistait en la mesure du temps de passage des aliments dans le gros intestin, avant et après avoir bu de l'eau alcaline.

Le Dr Choi rendit compte de ses découvertes lors du symposium sur « la santé et l'eau » en septembre 1989 à Séoul. On demanda à chacun de boire 1,5 l. d'eau alcaline par jour. Les mesures suivantes furent constatées au début de l'expérience et au bout d'une semaine.

| **Catégorie d'âges** | | **39 à 62 ans** |
|---|---|---|
| Temps de passage total | - avant | 45 à 136 h |
| | - après | 3,1 à 73 h |
| Temps de passage moyen | - avant | 74 h |
| | - après | 40 h |
| % de réduction du temps | | 6,9 à 88% |
| Moyenne de % de réduction | | 51% |

Une autre découverte fut qu'au bout d'une à deux semaines, tous allaient à la selle une fois par jour. Le Dr Choi précise qu'il ne sait pas trop pourquoi cela fonctionne. Des résultats ci-dessus l'on pourrait conclure que la constipation est causée par l'accumulation d'acides quelque part près du colon. Il est possible que l'eau alcaline favorise la sécrétion de fluides dans le colon en éliminant l'accumulation d'acides.

## *Autres maladies d'adultes*

### *L'asthme, le rhume des foins, les allergies*

Les allergies, en général, sont le résultat de systèmes immunitaires mal inspirés qui sécrètent des anticorps contre des substances normalement inoffensives. L'asthme est une classe d'allergie qui se traduit par l'obstruction partielle des bronches et des bronchioles par contraction des muscles des parois bronchiques.

Ces actions sont déclenchées par les pollens, les poussières, les poils de chats et de chiens ou même par les humeurs. Les médecins ne savent pas pourquoi ces choses-là arrivent à certaines personnes. Les médecins japonais disent que c'est l'acidité qui cause ces désordres immunitaires.

Une de mes amies à Phenix, Arizona, qui adore danser, a dû réduire cette activité parce que son médecin lui a diagnostiqué « un asthme induit par l'exercice ». Après environ une heure de danse, elle avait une crise. Je lui recommandai de boire de l'eau alcaline d'une façon régulière. Deux mois plus tard, elle m'appela pour me dire que ses crises d'asthme avaient disparu !

On dit que l'asthme ne se soigne pas, mais que l'on peut soulager une crise par certains traitements. Mon médecin m'a dit, lorsqu'il m'a prescrit des pilules contre la pression sanguine, que j'aurai à les prendre toute ma vie ! Quatre ans plus tard, je l'ai fait mentir en buvant de l'eau alcaline à peine six semaines.

Je pense que les médecins japonais ont raison de dire que toutes les maladies qui ne sont pas dues à une bactérie ou un virus sont causées par un excès d'acide dans le corps. Lorsque les médecins disent qu'ils n'en connaissent pas la cause, il y a de fortes chances pour que ce soit l'acidité. Je ne sais pas pourquoi, mais les médecins américains ne cherchent pas à s'intéresser aux propriétés de l'acidité et de l'alcalinité. En Orient, les gens cherchent toujours l'équilibre entre le yin et le yang, le moins et le plus, l'acide et l'alcalin.

### *Hyperacidité, indigestion, gaz, nausée, etc.*

Encore une fois, tous ces symptômes sont causés par l'excès d'acidité. La suppression de celle-ci par l'eau alcaline aidera à alléger et à prévenir ces désordres intestinaux et stomacaux d'origine acide, y compris les ulcères.

Contre ces symptômes, nous prenons de l'Alkaseltzer qui est une boisson alcaline additionnée de bulles de dioxyde de carbone. Je pense que les bulles sont là pour masquer le goût amer.

### *Ostéoporose*

La structure du squelette est une « banque de calcaire ». Lorsque la condition du corps devient trop acide, elle occasionne fréquemment des prélèvements compensateurs de calcium des os, les laissant fragiles et sujets à rupture. Un os est fait de combinaisons adéquates de calcium et de phosphore. Si l'on en retire seulement le calcium, l'os devient hautement phosphoreux et s'affaiblit.

La posture de nombre de personnes âgées change : ils semblent rapetisser en vieillissant. C'est le résultat de la perte de calcium dans la structure du squelette. Un usage prolongé d'eau alcaline peut aider à prévenir ce désastre du régime moderne. Le calcium ionisé peut aider à réparer les dégâts.

### *Indispositions matinales*

Lorsqu'une femme est enceinte, le fœtus reçoit prioritairement tous les minéraux alcalins nécessaires car le bébé naît avec le plus fort taux d'alcalinité. Cela signifie que tandis qu'elle dort, elle perd beaucoup de minéraux alcalins et son sang devient assez brutalement acide. D'après les médecins japonais, ce phénomène est connu comme un malaise matinal.

Lorsque ma fille et ma belle-fille tombèrent enceintes, je fus en mesure de confirmer cette affirmation. La première chose qu'elles cherchaient au réveil, c'était leur eau alcaline. Parmi les effets bénéfiques de la consommation d'eau alcaline, c'est ce phénomène qui donne les résultats visibles les plus spectaculaires. Les femmes enceintes perdent beaucoup de minéraux alcalins. Les suppléments minéraux et la consommation régulière d'eau alcaline sont recommandés.

## *Maladies des yeux*

Nous ne considérons généralement pas les changements de notre vision comme une sorte de maladie. Nous les considérons comme un signe du vieillissement et les acceptons comme un fait de la vie. Cependant, comment et pourquoi ces choses-là arrivent ? Sans aucun doute, le processus d'acidification y joue un rôle.

Pendant que nous accumulons les phosphates, les urates et autres dans nos cellules, celles-ci perdent de l'oxygène. Cela amène dans les cellules plus de sucres non brûlés qui vont lier les molécules de protéines. Résultat : les cellules et les tissus se durcissent et perdent leur flexibilité.

Si nous ne laissions pas les acides s'accumuler dans les cellules, rien de cela n'arriverait. Alors, est-ce que nous pouvons inverser ce processus ? Dans tous les cas, oui !

Jusqu'à 40 ans, je n'avais pas besoin de lunettes. Lentement, ma vue a baissé et vers 55 ans, je me suis mis à en porter. De loin, il me fallait une dioptrie, et pour lire, je dus ajouter 1,5 dioptrie. J'avais besoin de lunettes pour conduire à cause de mon astigmatisme ainsi qu'une prescription pour des lunettes de soleil.

Durant l'un de mes voyages à New York il y a deux ans, j'ai perdu mes lunettes. Comme j'arrivais à Miami de nuit, je me suis demandé comment je ferais pour conduire. Je n'avais pas le choix : il fallait que je conduise sans lunettes. C'est alors que j'ai réalisé quelque chose d'incroyable. Je n'avais pas besoin de lunettes ! Je n'en ai jamais plus commandé depuis.

Pour la lecture, j'ai acheté des lunettes de pharmacie sans prescription. J'ai essayé des lunettes de 1,5 dioptrie. Elles étaient trop fortes et je me suis contenté de 1,25 dioptrie, les lunettes les plus faibles que je pouvais acheter. Aujourd'hui, je sais que je peux lire avec des lunettes à 1 dioptrie mais les pharmacies n'en vendent pas.

Ma femme Mary est myope. Les lunettes qu'elle a portées ces trois dernières années étaient des -6,00 dioptries pour la vue lointaine avec une dioptrie d'astigmatisme. Pour lire, elle ajoutait environ 2,00 dioptries. Ces temps-ci, elle avait des difficultés à voir avec ses lunettes. Comme jusque là son expérience était qu'elle avait besoin tous les deux ou trois ans de lunettes plus fortes, elle a pensé que ce devait encore être le cas. Elle a trouvé ses anciennes lunettes et les a essayées pour voir. Elle eu la surprise de se rendre compte que sa vue s'en trouvait nettement améliorée.

Nous allâmes chez l'ophtalmologue pour lui demander une nouvelle prescription qui fut de -5,00 pour la distance avec 0,75 dioptries d'astigmatisme et l'ajout pour la lecture fut de +2,00 dioptries. Lorsque j'expliquai au docteur ma théorie sur l'inversion du vieillissement et le fait qu'éliminer les déchets des cellules et des tissus avait peut-être amélioré sa vue, il fut plutôt sceptique.

Il dit que la myopie ne s'améliorait pas en vieillissant. Il avait l'impression que le précédent prescripteur des lunettes avait dû faire une erreur en surcompensant le handicap. Mais il ajouta : « si vous revenez dans deux ans et que sa prescription passe à -4,00 dioptries, alors vous aurez une preuve ». Le fait est que Mary utilise cette paire de lunettes depuis trois ans sans aucun problème. Je ne sais pas ce que ressentent les autres personnes, mais pour notre part nous buvons de l'eau alcaline depuis près de quatre ans et de temps en temps je constate d'autres améliorations inattendues.

## *Les maladies contagieuses*

Bien que les maladies contagieuses ne soient pas causées par l'accumulation d'acides, les consommateurs d'eau alcaline affirment que leur résistance à ces maladies est importante, qu'ils ne les attrapent pas très souvent et que s'ils tombent malades, ils se soignent relativement rapidement.

Les Japonais disent que l'augmentation de l'alcalinité crée une immunité plus élevée contre les maladies contagieuses et les allemands affirment qu'un taux accru d'oxygène induit une meilleure immunité.

Quand le corps est envahi de bactéries et de virus, les globules blancs du sang leur déclarent la guerre. Cette bataille fait des dégâts de part et d'autre. Ces dégâts sont des cellules mortes et elles sont acides. C'est pourquoi une personne disposant de plus de minéraux alcalins peut se débarrasser plus vite de ces déchets acides et recouvrer sa santé plus rapidement. Nous savons très bien qu'un accès de grippe draine les minéraux alcalins et que les médecins préconisent de manger des bananes pour remplacer le potassium perdu.

### *La prédiction d'Edgar Cayce*

Il y a plus d'un demi-siècle, Edgar Cayce, le médium le plus réputé du monde, s'exprima en la défaveur des boissons carbonatées. Et pour un homme de 36 ans atteint de névrite (tendances, acidité), M. Cayce parle en transe : « [...] Également plus d'eau dans le système, prise systématiquement afin que l'acide dans le système puisse être dissous » (28/02/1924 779-6)

Le 12 juillet 1935, M. Cayce fut requis et répondit à la question suivante en transe.

« Question : Est-ce que l'immunisation contre les maladies contagieuses peut être obtenue autrement que par l'inoculation ?

Réponse : si une alcalinité est maintenue dans le système, notamment avec la laitue, les carottes et les céleris, celle-ci maintiendra une condition du sang propre à immuniser une personne. Dans un système alcalin, il y a moins d'effet de froid et de congestion ».

La science du XXᵉ siècle a rattrapé M. Cayce un demi-siècle plus tard.

6

# *Méthodes et dispositifs d'inversion du vieillissement*

TOUS LES ALIMENTS créent des déchets dans nos cellules et nos tissus après le métabolisme et notre style de vie ne permet pas à notre corps d'en disposer complètement. L'accumulation de ces déchets constitue le processus de vieillissement. Par conséquent l'inversion du vieillissement est le procédé consistant à débarrasser notre corps de ces produits nocifs accumulés.

Comme nous l'avons exposé au chapitre 3, ces déchets sont acides. Ainsi notre corps devient en conséquence progressivement acide. Inverser le processus de vieillissement nécessite deux démarches, une chimique et une physique.

La première étape consiste à diminuer l'acidité du corps de façon à ce qu'il soit à même de disposer des déchets acides du sang et des fluides cellulaires facilement et sans danger. La deuxième étape est d'extirper physiquement ces vieux déchets et de les faire transporter par le sang afin qu'ils puissent sortir du corps.

Il y a plusieurs façons d'inverser le vieillissement. Nous en connaissons certaines. D'autres nous sont plus nouvelles, mais elles sont plus aisées que les méthodes connues. Celles-ci sont chimiques, par un régime alcalin (régime végétarien, régime macrobiotique, etc.), et physiques, par l'exercice.

## *L'attaque chimique*

Vu que le problème de base est l'excès d'acide, la solution est de faire entrer des minéraux alcalins. Il y a bon nombre de livres de référence qui donnent la liste des contenus minéraux des différentes nourritures. La plupart des magasins d'alimentation santé en ont. Malheureusement, les divers livres ne s'accordent pas sur tout, et j'admets qu'ils puissent être déroutants.

Ils disent par exemple que le riz brun est meilleur pour la santé que le riz blanc. Pourtant, d'après Mlle Adelle Davis, un bol de riz brun contient 608 mg de phosphore, un minéral acide, alors qu'un bol de riz blanc n'en contient que 258 mg. Le régime macrobiotique met le riz brun en avant. Nombreux sont les aliments riches en calcium qui contiennent aussi du phosphore. En passant au crible plusieurs tableaux et chartes, on peut arriver à quelques règles de base. Bien qu'il y ait des exceptions, les légumes et les fruits en général sont des aliments donnant de l'alcalinité, et les grains et les viandes y compris le poulet et le poisson sont des aliments formant de l'acide. N'oubliez pas que nous parlons de ce que les cendres résiduelles font à notre corps et non pas du goût qu'ils ont.

### *Les aliments donnant de l'acidité*

Parmi les nourritures qui nous sont familières (comme ces livres de référence sur les régimes macrobiotiques sont conçus au Japon, ils comportent de nombreux aliments qui ne nous sont pas familiers), les nourritures donnant de l'acide sont, par ordre d'acidité : le son de riz, le jaune d'œuf, les flocons d'avoine, le riz brun, le thon, le poulet, la carpe, la brème, les huîtres, le saumon, la farine de sarrasin, les moules, les coquilles Saint Jacques, le porc, les cacahouètes, les œufs de hareng, le bœuf, le fromage, l'orge complet, les crevettes, les pois, la bière, le pain, la soupe de poulet, le beurre et les asperges (tiré d'un tableau de Aihara).

Nous entendons répéter que le bœuf est mauvais, mais le poulet, le thon et les œufs donnent 2, 3 et 4 fois plus d'acidité que le bœuf. Et ce dernier a des enzymes dont notre corps a besoin et qu'il ne peut obtenir dans aucun autre aliment (Le Syndicat du Bœuf va adorer ce livre).

### *Les aliments donnant de l'alcalinité*

Les voici, en ordre d'alcalinité : le gingembre, les haricots, les épinards, le soja, les bananes, les noisettes, les carottes, les champignons, les fraises, les pommes de terre, les choux, les radis, les courges, les pousses de bambou, les patates douces, les navets, le jus d'orange, les pommes, le blanc d'œuf, les poires, les pamplemousses, les concombres, la pastèque, l'aubergine, le café, l'oignon, le thé, les haricots verts, le lait maternel, le lait de vache, et le tofu (du même tableau de Aihara)

### *Régimes équilibrés et variés, avec modération*

Nombreux sont les Américains qui suivent des régimes végétariens ou macrobiotiques pour tenter de diminuer l'acidité du corps. Mais ce n'est pas très facile pour la plupart d'entre nous. Je crois aux régimes équilibrés et à tout avec modération. Chaque nourriture a un goût spécifique ; elle est constituée d'éléments uniques qu'il est difficile de trouver dans d'autres aliments. Exclure toute alimentation en particulier risque de créer des manques. Tout aliment n'est pas nécessairement brûlé pour donner de l'énergie. Certaines nourritures sont réduites en molécules de petite taille et servent à la réparation de notre corps. Même si nous ne le savons pas, le corps, lui, sait ce dont il a besoin et choisit sélectivement ce qui lui est nécessaire. Ce que le corps n'utilise pas devient un déchet. Nous mangeons beaucoup plus que le minimum requis pour nous maintenir en vie. Comme nous ne savons pas exactement de quoi le corps a besoin, mangeons toutes sortes d'aliments et laissons le corps choisir ce qu'il lui faut.

### *Boire de l'eau alcaline*

Ce que je défends, c'est l'idée que nous devons non pas utiliser la nourriture pour éliminer les déchets mais au lieu de cela faire usage de l'eau pour nous laver des déchets. Nourrissez-vous agréablement d'une variété d'aliments et buvez l'eau qui convient pour disposer de tous les déchets. Comme ces derniers sont acides, l'eau appropriée est l'eau alcaline.

Un verre d'eau alcaline de 10cl avec un pH de 10 contient $10^{21}$ ions hydroxyles (OH-) et chacun d'entre eux est lié à des minéraux alcalins positivement ionisés tels que $Ca^{++}$, $Mg^{++}$, $Na^{+}$, $K^{+}$, etc. Comme il y a plus de calcium dans l'eau que d'autres minéraux alcalins, si nous supposons que tous les minéraux ionisés sont du calcium, cela se traduit par 33,3 mg d'atomes de calcium ionisés dans ce verre.

Boire 5 verres de cette eau chaque jour abaissera graduellement l'acidité du corps et permettra à celui-ci de se débarrasser de tous les déchets produits journellement et de quelques autres encore. Boire de l'eau alcaline ionisée est bien meilleur que de prendre des cachets de minéraux alcalins, de calcium par exemple.

*Les suppléments minéraux*

Les cachets de calcium vendus en magasin ne sont pas faits de calcium pur ; ce sont des composés neutres incluant d'autres substances. D'abord, ils doivent être dissous puis ionisés pour être efficaces. Seule une partie de ce composé sera dissous et ionisé. Par exemple, lorsqu'un composé de carbonate de calcium est dissous et ionisé dans l'eau, il se décompose en $Ca^{++}$ et en $CO_3$—, et forme du $Ca(OH)_2$ et $H_2CO_3$. L'hydroxyde de calcium $Ca(OH)_2$ est la même forme de calcium que dans l'eau alcaline, mais cette solution contient également de l'acide carbonique $H_2CO_3$ qu'il faut éliminer par la respiration.

Lorsque des minéraux alcalins purs tels que K, Na, Ca, Mg, etc. sont additionnés dans l'eau, ils vont faire « bouillir » l'eau plutôt rapidement. Ce qui se passe, c'est que ces minéraux vont faire sortir un atome d'hydrogène de la molécule d'eau pour former KOH, NaOH, $Ca(OH)_2$ et $Mg(OH)_2$. Les atomes d'hydrogène qui sont extirpés vont se combiner par deux pour devenir des molécules d'hydrogène $H_2$ et vont faire des bulles comme si l'eau bouillait.

Si vous mettez des cachets de calcium dans l'eau et que vous ne voyiez pas l'eau « bouillir », c'est que ce calcium n'est pas « pur », même si le flacon dit que c'est du calcium pur. Le potassium pur réagit dans l'eau si violemment qu'on dirait presque une explosion.

La façon de fabriquer cette eau alcaline à partir de l'eau du robinet sera discutée au paragraphe « L'ère à venir des ondes à infrarouges lointains ».

## *Attaque physique*

Comme mentionné plus haut, l'acide coagule le sang. Résultat : les vaisseaux capillaires se bouchent près de l'endroit où les déchets acides s'accumulent dans les profondeurs du corps. Cela signifie que même si le sang devient plus alcalin, il ne pourra pas atteindre les déchets acides. Les effets de l'alcalinité pourront les atteindre par osmose mais le processus est plus lent.

Pour que le sang puisse atteindre rapidement le stockage d'éléments acides, il vous faudra élever la température du corps pour augmenter le diamètre des capillaires. C'est alors que le sang pourra non seulement atteindre plus facilement ces déchets empilés mais aussi les dissoudre plus aisément grâce à sa température. Vous savez, l'eau tiède nettoie mieux les assiettes que l'eau froide.

Habituellement, les déchets anciens sont entourés de vaisseaux capillaires bouchés. Si vous pouvez atteindre des déchets vieux de dix ans et vous en débarrasser, vous rajeunissez littéralement de dix ans.

## *C'EST ÇA L'INVERSION DU VIEILLISSEMENT !*

Il y a de nombreuses façons d'élever la température interne de notre corps.

### *L'exercice*

La manière que les médecins recommandent, c'est l'EXERCICE ! Il a plus d'un avantage : tonifier les muscles, brûler des calories entre autres. Il permet également d'élever la température interne et d'augmenter le diamètre des vaisseaux capillaires bouchés pour sucer tous ces vieux déchets gras que vous aviez stockés pour plus tard.

C'est sûr, l'exercice crée de nouveaux déchets acides, mais pour aller chercher les vieux déchets, le gain est évident. Si vous faites trop d'exercice sans prendre de repos, cette activité fabriquera de l'acide lactique et vous tirerez dans le sang les vieux déchets acides en même temps, rendant le sang très acide. C'est pourquoi vous vous sentirez parfois étourdi et faible pendant l'exercice. On entend souvent parler « d'asthme induit par l'exercice ». Une augmentation soudaine d'acide dans le sang provoquera cette réaction. Boire de l'eau alcaline aidera.

### *Bain chaud, sauna, massage, jeûne, etc.*

Autre façon d'élever la température interne du corps : les bains chauds, les saunas. Là aussi, vous vous sentez étourdi, faible après coup parce que les déchets acides toxiques passent dans votre sang. Les massages peuvent également faire sortir les vieux déchets par pression. Cela réchauffe la partie massée aussi. J'ai vu des saunas à infrarouges lointains où la température de la cabine n'est que de 40°C, mais où votre corps ressent particulièrement la chaleur du fait que les infrarouges pénètrent profondément et que vous transpirez beaucoup. Ce type de sauna est bon pour les personnes dont le cœur est faible.

Jeûner est une autre méthode pour extraire les vieux déchets accumulés. Dans une réaction de survie en l'absence d'absorption de nourriture, le corps recherche les graisses stockées pour en tirer de l'énergie. Avec les graisses, il y a aussi d'autres acides toxiques et des cellules mortes qui sont acides. Les déchets générés durant les périodes de jeûne sont beaucoup plus acides que pendant les périodes normales. Cela veut dire que le risque est grand de perdre de très utiles minéraux alcalins. Il faut boire quantité d'eau alcaline.

## *Surmatelas à infrarouges lointains*

Le dispositif que je préfère pour augmenter la température interne afin de faire fondre les vieux déchets est « le surmatelas à infrarouges lointains ». Il a environ 5 cm d'épaisseur. Il est fait pour être posé sur un matelas ferme ou à même le sol. Les ondes d'infrarouges lointains sont générées en faisant passer un courant continu à travers un tissu de coton imprégné de carbone. La température est ajustable à volonté.

C'est différent d'une couverture chauffante électrique. La surface n'est pas chaude au toucher, mais lorsque vous vous allongez dessus, vous ressentez de la chaleur à l'intérieur. Bientôt votre corps s'adapte à la température et brûle moins de nutriments pour le maintien de sa température. Il vous réchauffe à l'intérieur pour faire fondre ces déchets acides. Durant les premières semaines d'utilisation, vous pouvez ressentir un petit étourdissement au réveil, une sensation similaire à celle que vous éprouvez en prenant un bain chaud. Certaines personnes craignent que cela ne soit un effet secondaire, mais en fait c'est seulement la preuve que le surmatelas marche.

Comme ce n'est pas du courant alternatif à 50 ou 60 cycles, il n'y a pas de courant induit dans votre corps comme dans une couverture électrique standard. De plus, cette dernière, vous chauffant par conduction, doit être particulièrement chaude en surface pour réchauffer l'intérieur de votre corps autant que la couverture à infrarouges lointains. Celle-ci pénètre profondément comme avec des ondes courtes, mais sans danger. Pour plus de détails sur ces infrarouges lointains révolutionnaires, voir le paragraphe « L'ère à venir des ondes à infrarouges lointains (O.I.L.) ».

La raison pour laquelle j'ai une préférence pour ce surmatelas à infrarouge, c'est qu'il ne demande aucun effort particulier. Les autres méthodes comme l'exercice, les bains chauds, les massages, les saunas, etc. demandent d'y passer du temps et notre style de vie actuel ne nous permet pas de continuer à le pratiquer pendant plus de six mois. Tandis que, quelles que soient vos occupations ou votre paresse, vous êtes obligé de dormir ! Cela ne demande aucun effort spécial.

Les personnes handicapées ou âgées ne peuvent pas faire d'exercice et il y a certaines parties du corps que nous ne savons même pas comment exercer. Mais lorsque vous disposez de ce surmatelas, quelle que soit votre condition physique, vous pouvez l'utiliser et profiter de ses avantages pour inverser le vieillissement.

## *Appareil de production d'eau alcaline*

### *Histoire de l'ioniseur d'eau*

L'eau alcaline est faite dans un ioniseur d'eau par le partage électrique de l'eau du robinet filtrée en eau alcaline et en eau acide. L'ioniseur fut développé en premier au Japon au début des années 50, et des expériences furent tout d'abord conduites sur des plantes et sur des animaux. Puis, en 1954, des études plus poussées furent menées par des universités agricoles concernant les effets de l'eau ionisée, plus particulièrement les eaux acides, sur les plantes. Aujourd'hui, des pépiniéristes produisant des fleurs coupées utilisent de l'eau acide pour maintenir les fleurs fraîches plus longtemps avant de les livrer aux boutiques de fleuristes.

Les expériences sur les êtres humains prirent beaucoup plus de temps à cause des difficultés à maintenir un environnement constant. Toutefois, grâce aux longues et patientes études des chercheurs japonais, de nombreuses données intéressantes ont été collectées, permettant de conclure que l'eau alcaline fabriquée par l'ioniseur d'eau n'était pas toxique et allégeait nombre des symptômes de maladies d'adultes.

Les premiers ioniseurs commerciaux furent disponibles au Japon en 1958. Jusqu'alors, seules existaient les grosses unités utilisées dans les hôpitaux. En 1960, des docteurs en médecine et des ingénieurs agronomes au Japon se groupèrent pour former un institut de recherche spécialisé dans les deux disciplines et tinrent des meetings annuellement pour rendre compte de leurs résultats. Finalement, le 15 janvier 1966, ce type d'ioniseur d'eau fut approuvé par le Ministère de la santé japonais comme dispositif médical améliorant la santé.

Les ioniseurs fabriqués aux Japon furent introduits tout d'abord en Corée dans les années 70. Ils sont aujourd'hui également approuvés par le gouvernement Sud Coréen. Les ioniseurs ménagers fabriqués en Corée furent introduits aux États-unis en 1985 et un test de toxicité fut fait par un laboratoire indépendant le 14 avril 1986, en respectant les normes en vigueur. Le test ne trouva aucune toxicité à l'eau générée par l'ioniseur.

## *Fonctions de l'ioniseur d'eau*

### *— L'eau de la ville et l'eau de puits*

L'eau du robinet fournie par la ville contient une ample quantité de minéraux acides et de minéraux alcalins. Ils utilisent des acides pour tuer les organismes vivants dans l'eau. Mais cette eau devient trop acide pour circuler dans les tuyaux. Si l'eau est trop acide, elle lessivera le plomb des soudures qui est un métal toxique. Ils ajoutent donc du calcaire sous la forme de carbonate de calcium pour rendre cette eau alcaline. En général, l'eau fournie par les collectivités territoriales contient plus de minéraux alcalins que l'eau tirée de puits privés.

### *— Les minéraux dans l'eau du robinet*

Les minéraux alcalins communément trouvés dans l'eau du robinet sont le calcium, le magnésium, le sodium et le potassium. Les minéraux acides sont le chlore, le soufre et le phosphore. Ce sont les mêmes minéraux que l'on trouve dans notre nourriture car tout comme l'eau, elle prend ses minéraux dans le sol. Rien d'étonnant donc que ces minéraux soient similaires dans ces deux éléments.

L'ioniseur d'eau a deux compartiments, l'un avec des électrodes positives, l'autre des électrodes négatives. Les électrodes négatives attirent dans leur compartiment les minéraux positifs, qui sont alcalins, tandis que les électrodes positives attirent de leur côté les minéraux négatifs, qui sont acides. L'eau qui entre dans l'ioniseur possède au départ les deux types de minéraux, mais à la fin du processus, l'un des compartiments n'a que des minéraux alcalins tandis que l'autre n'abrite que des minéraux acides.

— *Ionisation*

Les deux chambres sont séparées par une membrane spéciale dont les trous minuscules ne laissent pas passer les molécules d'eau généralement accolées en paquets dans un champ électrique, mais permettent aux éléments inorganiques de traverser.

À l'origine, les appareils disposaient de deux chambres d'environ cinq litres chacune et le processus complet d'ionisation durait environ quinze à vingt minutes. Le nouveau modèle n'a pas ces deux grandes chambres, mais uniquement deux petits compartiments au travers desquels l'eau passe. Le processus d'ionisation se déroule pendant que l'eau circule dans l'ioniseur (Les tout nouveaux modèles sont équipés d'un filtre à charbon pour bloquer les polluants avant le processus d'ionisation).

En d'autre mots, ouvrez le robinet, mettez le contact, et vous obtenez instantanément une eau courante alcaline sortant par le haut, et une autre eau, acide celle-là, sortant par le bas. L'ioniseur n'ajoute aucun minéraux ni produits chimiques à l'eau. Il se contente de partager les minéraux déjà dans l'eau, d'un côté les alcalins et de l'autre les acides. Si l'eau utilisée n'a pas de minéraux, l'ioniseur ne peut pas faire d'eau alcaline ni d'eau acide.

*— Augmentation de l'oxygène dans l'eau alcaline*

Comme nous l'avons montré au chapitre 2, l'eau alcaline a de l'oxygène en plus ; elle dépasse la proportion de 2 pour 1 de la formule normale $H_2O$. L'ioniseur ne se saisit pas des molécules d'oxygène de l'air pour les mettre dans l'eau alcaline. Ce qui se passe, c'est que lorsque les minéraux alcalins chargés positivement traversent la membrane en direction du compartiment alcalin, ils repoussent un atome d'hydrogène d'une molécule d'eau et ils rejoignent les ions hydroxyles (OH-).

Les ions hydrogène (H+) qui ont été rejetés reçoivent un électron de l'électrode négative pour être dé-ionisés et deviennent une molécule d'hydrogène ($H_2$) qui part de l'eau en bulle. Dans les derniers modèles de machines, l'ionisation se fait tellement rapidement que lorsque vous vous servez un verre d'eau alcaline, vous voyez les petites bulles d'hydrogène s'échapper. L'eau alcaline paraît légèrement laiteuse au début à cause des bulles, mais celles-ci disparaissent en quelques secondes.

Dans le compartiment acide, le phénomène inverse se passe et l'oxygène est séparé sous la forme de molécules de gaz $O_2$ et l'eau restante est acide avec une déficience en oxygène.

*— Le pH de l'eau*

Le pH de l'eau ionisée dépend du contenu minéral de l'eau du robinet. Cette eau a en moyenne un pH de 7,7 à 8,4. Après ionisation, le pH de l'eau alcaline tourne autour de 9,5 à 10,4 et pour l'eau acide de 4,2 à 5,5. L'eau de puits a en moyenne un pH de 7,3 à 7,9 et, après ionisation, le pH de l'eau alcaline est de 8,9 à 9,5 et celui de l'eau acide de 5,2 à 6,0.

J'ai eu l'occasion de tester l'eau du robinet d'un hôtel de montagne dans le Colorado. Son pH était de 8,4, et de 8,7 après ionisation. Celui de l'eau acide était de 7,0. J'en fus très surpris ! Le côté acide sortait neutre. Cela signifie que la véritable eau de source de montagne n'a pas de minéraux acides.

L'eau alcaline sortant du ioniseur est similaire à de l'eau de source de montagne car elle est alcaline et sans acide. Mais l'eau alcaline fabriquée dans les zones urbaines à partir d'eau du robinet renferme jusqu'à 100 fois plus de minéraux alcalins (10,4 - 8,4 = 2 et $10^2 = 100$).

*Questions courantes*

Q1 : *Est-ce que toutes les eaux à fort pH sont bonnes ?*

Plus le pH est élevé, plus il y a d'ions OH- dans l'eau. Toutefois il est dangereux de conclure que toutes les eaux à fort pH sont bonnes. Je pourrais ajouter du cyanure de potassium dans l'eau pour en augmenter le pH, mais cela rendrait bien évidemment sa consommation mortelle. Toute eau à fort pH n'est pas bonne à boire. Ce qui est bon, c'est de consommer une eau à pH élevé obtenue à l'aide d'eau potable filtrée pour ôter les polluants, pour enlever les minéraux acides et pour concentrer les minéraux alcalins existant déjà dans l'eau sélectionnée.

**Q2 :** *Est-ce que boire trop d'eau alcaline avec un pH de 10 pourrait causer des désagréments ?*

La réponse est non. Comme je l'ai montré au chapitre 2, il faut 32 verres de cette eau alcaline pour neutraliser les effets d'un verre de cola de votre marque favorite au pH de 2,5. Il faudra une eau alcaline au pH de 11,5 pour neutraliser ce soda à quantité égale, un verre de boisson contre un verre d'eau alcaline.

**Q3 :** *Est-ce que l'ioniseur peut produire de l'eau alcaline sans fabriquer de l'eau acide ?*

Non, à moins que l'eau d'origine ne soit elle-même dépourvue d'acide. Dans ce cas, le pH de l'eau alcaline sera plus élevé d'environ 0,3 unité que l'eau de départ et le côté acide sera une eau au pH de 7,0, c'est-à-dire de valeur neutre.

Q4 : *Est-ce que je peux acheter de l'eau alcaline en magasin ?*

Pas encore. L'eau alcaline à pH élevé nécessite des bouteilles en verre. Les bouteilles plastiques laissent passer le dioxyde de carbone de l'atmosphère qui se transforme en acide carbonique $H_2CO_3$ et abaisse le pH de l'eau. Comme l'eau alcaline est saturée d'ions calcium, l'acide carbonique peut donner du carbonate de calcium $CaCO_3$ qui précipite au fond de la bouteille.

Bien qu'elle ne paraisse pas limpide, elle n'est pas dangereuse à boire. Il n'y a pas de perte de minéraux alcalins. L'acide carbonique est volatile. Vos poumons pourront l'éliminer et les bienfaits de l'eau alcaline demeureront. Mais il est difficile de vendre une eau paraissant légèrement crémeuse. Si vous faites de l'eau alcaline à la maison, vous pouvez la mettre dans une bouteille plastique et la stocker au réfrigérateur pendant deux jours sans qu'elle perde son alcalinité.

J'imagine fort bien que l'eau alcaline puisse se vendre en cruche ou en bouteille de verre. Cela devrait constituer un must pour les salles de gym ou les spa. Les gens suivant un régime en seraient amateurs. Elle coûterait plus cher que les eaux minérales habituelles dans leurs bouteilles plastiques. Il se pourrait que les gens tirant leur eau potable d'un puits préfèrent acheter de l'eau alcaline en bouteille à plus fort pH plutôt que de la fabriquer à la maison à l'aide d'un ioniseur.

### *Faits intéressants concernant l'eau alcaline et l'eau acide*

*— Désinfection sans bouillir*

Le gouvernement japonais a testé le pouvoir désinfectant de l'ionisation en insérant des colibacilles (bactéries qui envahissent les parois du colon) dans l'eau à ioniser et en les comptant avant et après. Les bactéries qui vivent en eau neutre ne peuvent pas survivre en eau hautement alcaline ou acide.

| **Colibacilles par cc** | | | | |
|---|---|---|---|---|
| Eau d'origine | Eau alcaline après ionisation | | Eau acide après ionisation | |
| Avant | immédiatement après | 1 heure après | immédiatement après | 1 heure après |
| 1400 | 120 | 0 | 0 | 0 |

*— Les plantes et l'eau acide*

Comme je l'ai mentionné plus haut, les cellules des plantes traitent l'oxygène comme un déchet. Par conséquent la plupart des plantes aiment l'eau acide. Les fleurs coupées durent plus longtemps avec de l'eau acide. Cependant si vous voulez que vos fleurs s'ouvrent complètement dans un court délai (avant que vos invités n'arrivent par exemple), donnez-leur de l'eau alcaline. C'est comme si vous vieillissiez vos plantes artificiellement en leur donnant de l'eau alcaline. Vous vieillirez plus vite les animaux en leur donnant à boire de l'eau acide.

L'eau acide vaporisée sur les feuilles et les tiges des plantes empêche l'apparition d'insectes nuisibles. L'eau de pluie est acide, et les plantes préfèrent l'eau de pluie à l'eau du robinet. Le problème des « pluies acides » de nos jours, c'est que leur acidité est due aux acides organiques de l'industrie. Au bon vieux temps, les gens se servaient d'eau de pluie pour faire leur lessive. Au fait, l'eau acide est de l'eau douce, tandis que l'eau alcaline est de l'eau dure.

*— La peau humaine et l'eau acide*

Comme je l'ai mentionné plus haut, la peau

humaine est acide, mais le savon alcalin enlève l'acidité de la peau. Pour recouvrer l'acide perdu, je rince entièrement mon corps avec de l'eau acide après la douche. Si votre bain vous laisse une peau sèche, ajoutez-y une dizaine de litres d'eau acide. Rincer vos cheveux à l'aide d'eau acide vous fera l'effet d'un après-shampoing.

Si vous vous lavez le visage avec de l'eau acide, celle-ci conservera votre peau fraîche et propre. Elle vous protègera de l'acné et de la décoloration. Les cosmétiques au pH soi-disant équilibré sont en fait acides pour égaler le pH de votre peau. Lorsque vous entendez ces publicités vous dire « plus vous laverez la vaisselle, plus vos mains deviendront douces », sachez qu'ils ne mentent pas : ces détergents sont acides.

L'eau acide tiède appliquée pendant vingt minutes est bonne pour les mycoses du pied ou les hémorroïdes. L'eau acide peut calmer les piqûres d'insectes et les brûlures. Si vous y ajoutez de la menthe, l'eau acide est un excellent bain de bouche, et si vous y mettez une goutte de parfum, ce sera une eau de Cologne acceptable. L'eau acide arrête les saignements :

c'est pour cette raison que les bains de bouches et les lotions après-rasage sont acides.

— *L'eau alcaline et la cuisine*

L'eau alcaline est bonne pour la cuisine, le café, le thé. Pour diluer les jus de fruits concentrés congelés, vous devriez utiliser de l'eau alcaline, cela en adoucit l'acidité. Toute eau utilisée en cuisine et qui doit finir dans votre corps devrait être alcaline. Par exemple, cuisiner le riz à l'eau alcaline neutralisera le phosphore avec du calcium avant que vous ne mangiez le riz, diminuant ainsi la quantité d'acide phosphorique que le riz donnera plus tard dans votre corps.

Lorsque vous faites bouillir l'eau alcaline, vous abaissez son pH parce que le dioxyde de carbone de l'air se mélange rapidement sous la chaleur. Cependant, bouillir l'eau ne fera pas partir les minéraux alcalins ; donc, les minéraux seront tous présents combinés avec des carbonates. Après la réduction en eau de l'acide carbonique volatile lorsque vous expirerez le $CO_2$, les avantages de la neutralisation des acides dans votre corps vous demeureront acquis.

Le whisky du commerce a un pH de 5,2, ce qui est acide. Mélangé à l'eau alcalinc au pH de 9,5 moitié moitié, il donne un liquide au pH de 9,1 qui est alcalin. Un whisky à l'eau alcaline est léger et les Japonais affirment que vous n'aurez jamais la gueule de bois en buvant une boisson alcaline.

## *L'ère à venir des ondes à infrarouges lointains*

### *Historique*

Durant la dernière décade, une révolution silencieuse a pris place au Japon dans le domaine des soins, de la préservation, de la cuisine, du séchage et du chauffage. C'est l'utilisation et l'application saine et efficace de la technologie des ondes à infrarouges lointains (O.I.L.) qui remplace la technologie potentiellement nocive des micro-ondes.

Lorsque le radiateur à O.I.L. est allumé au-dessus de nos têtes dans une salle de bain, nous avons instantanément chaud mais la température de l'air reste fraîche, d'où une économie d'énergie. On peut faire bouillir un œuf sans eau dans un appareil à O.I.L. et l'œuf demeurera sans bactéries pendant 30 jours à la température de la pièce. Il est possible de faire cuire le pain dans un four O.I.L. si uniformément que ses petites bulles seront toutes de la même taille.

Il ne s'agit pas là de science fiction mais d'événements se passant actuellement au Japon. Entre 1977 et 1987, plus de 150 brevets significatifs ont été accordés dans le domaine des technologies des ondes à infrarouges lointains.

### *Qu'appelle-t-on ondes à infrarouges lointains ?*

*— Longueur d'onde des O.I.L.*

Les ondes électromagnétiques entre la lumière visible et les micro-ondes sont appelées ondes infrarouges. La longueur d'onde des ondes infrarouges va de 0,76 micron à 1000 microns. Un micron équivaut à un millionième de mètre ou un millième de millimètre (mm). Les ondes à infrarouges lointains qui nous intéressent ont une longueur d'onde de 5 à 15 microns. La longueur d'onde de la lumière visible est dans la gamme de 0,4 à 0,7 micron. La longueur d'onde des micro-ondes qui servent pour la cuisine est de 3mm, et celle des radars est de 30 mm.

Les fréquences de résonance naturelle des molécules d'eau et des substances organiques sont proches des fréquences des ondes O.I.L. ; par conséquent l'eau et les substances organiques absorbent aisément l'énergie de ces ondes irradiantes. Comme c'est leur fréquence de résonance, elles vibrent vigoureusement à cette fréquence et deviennent le radiateur de la fréquence tout autant que le receveur.

*— Les O.I.L. pénètrent en profondeur*

De plus, étant donné que les O.I.L. pénètrent profondément les substances organiques et l'eau (5 à 8 cm), elles réchauffent d'une façon uniforme. Si les substances organiques étaient chauffées par des ondes infrarouges proches (O.I.P.), de longueur d'onde entre 0,76 et 5 microns, la surface serait plus chauffée que l'intérieur et ce dernier serait chauffé par conduction depuis la surface.

En hiver, nous sommes à l'aise avec un sweater dans une pièce dont l'air est à 26°. Mais en été, nous sommes tout à fait à l'aise en tee-shirt dans la même pièce à la même température de 26°. Cela s'explique parce qu'en été, bien que la température de l'air soit la même, les murs et le plafond irradient des O.I.L. qui réchauffent encore plus notre corps.

— *Température et fréquences de radiation*

La surface de toute substance émet des radiations électromagnétiques dans le noir. La courbe de variation du spectre de l'énergie par rapport à la longueur d'onde a une forme en cloche. La valeur maximum de radiation de l'énergie est proportionnelle à la puissance 5 de la température absolue de la surface, et la valeur de la longueur d'onde au sommet de la courbe est inversement proportionnelle à la température absolue.

[À -273,15°C (ou -459,67°F), toutes les vibrations au niveau moléculaire s'arrêtent. Cette température est appelée le zéro absolu. La température est mesurée en partant du zéro absolu et en montant. Elle est exprimée en degrés Kelvin (°K). Toute température en °C peut être transformée en °K en y ajoutant 273,15. Toute température en °F peut être convertie en ajoutant 459,67 et en multipliant la somme par 5/9].

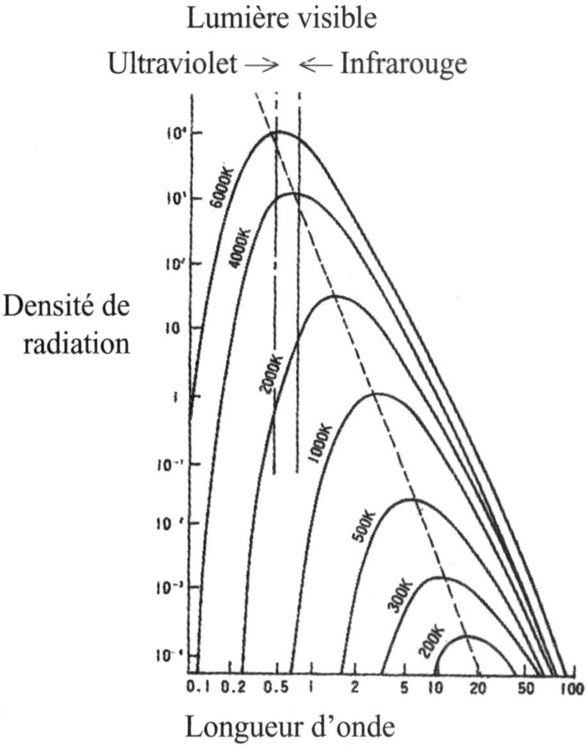


Par exemple, à 300°K (80,33°F), l'énergie maximum est de 1,5mW (milli-watt)/cm² à la longueur d'onde de 9,66 microns. À 500°K (440,33°F, la température d'un four chaud), l'énergie maximum est de 19,5 mW/cm² à la longueur d'onde de 5,8 microns. À 200°K (-99,67°F, la température de congélation profonde), l'énergie maximum est de

0,2 mW/cm² à la longueur d'onde de 14,5 microns. La figure ci-dessus est tirée de *Up to date with infrared waves* de Yoshinobu Egawa. Elle montre les variations de densité de radiations par rapport à la longueur d'onde en fonction de la température de radiation noire de surface.

Vous êtes-vous demandé comment les scientifiques faisaient pour trouver la température de surface du soleil ? Ils mesurent le spectre de l'énergie venant du soleil et déterminent la fréquence de l'énergie maximum et sa longueur d'onde. De cette information, ils peuvent déterminer que la température de surface du soleil est de l'ordre de 5500°K (9440°F). À cette température, l'énergie de surface de pointe irradiée est d'environ 3000 watts/cm² et la longueur d'onde est de 0,48 micron, ce qui est la longueur d'onde de la lumière visible, la frontière entre le vert et le bleu.

### — *Nous vivons dans une gamme de température d'O.I.L.*

Il est intéressant de noter que la gamme de température de -100°F à +440°F génère des O.I.L. avec des fréquences de pointe entre 15 et 5 microns. De la température de congélation profonde à celle du four chaud, *nous vivons dans une gamme de fréquences d'O.I.L.* Notre peau irradie des O.I.L. de fréquence 9,36 microns puisque la température de notre corps est de 37°C. C'est très proche de la fréquence de résonance d'une molécule d'eau et cela se comprend puisque notre corps est fait à près de 70% d'eau. L'Armée a des jumelles à O.I.L. pour observer l'ennemi.

Un couple marié dormant ensemble vit longtemps. Je suis sûr qu'il y a quelques avantages émotionnels pour aider, mais l'autre raison peut être qu'en dormant ils se servent mutuellement de transmetteurs et de receveurs d'O.I.L. Si vous dormez seul, vous avez la fonction de transmetteur d'O.I.L. sans en recevoir en retour. On dit qu'untel a de bonnes vibrations. C'est normal : lorsque vous êtes assis en face de quelqu'un en grande conversation, vous lui envoyez des O.I.L. et vous en recevez aussi.

Quand une onde électronique faite de plusieurs longueurs d'ondes est émise en direction d'une substance, certaines de ces ondes sont réfléchies tandis que d'autres traversent la substance. Par exemple le spectre de la lumière visible à ondes très courtes est réfléchi tandis qu'une fréquence radio à ondes longues passe au travers de notre corps. Cependant certaines bandes de fréquences d'ondes sont absorbées par la substance et la température de cette substance monte. Pour notre corps et bien d'autres substances d'organismes vivants, les O.I.L. sont les ondes génératrices de chaleur.

*— Les O.I.L. sont la source d'énergie la plus saine*

Nous vivons dans un environnement d'O.I.L. Notre corps en reçoit et en émet. Parmi le spectre des énergies venant du soleil, les O.I.L. sont la source d'énergie électromagnétique la plus sûre et la plus bénéfique qui existe.

### *Comment générer les ondes à infrarouges lointains*

Il y a trois façons de générer des O.I.L. La première est de recouvrir une surface métallique ou céramique d'un matériau céramique spécial mélangé à un oxyde minéral tel que la silice ($SiO_2$), l'alumine ($AL_2O_3$), etc. Selon le mélange du composé, la surface peut générer des longueurs d'ondes différentes. Lorsque ces surfaces métalliques ou céramiques enduites sont chauffées par des moyens conventionnels, électricité ou gaz, elles génèrent des O.I.L. dont la quantité générée est contrôlée par la quantité de chaleur appliquée.

La seconde méthode consiste à faire passer un courant électrique à travers du carbone qui, lorsqu'il est traversé, génère des O.I.L. Pratiquement, on imprègne d'un composé carboné spécial des pièces de coton et on laisse un courant adapté au matériau passer d'un côté à l'autre. Là aussi, la quantité d'O.I.L. générée est régulée par l'amplitude du courant électrique et la durée de la conduction contrôlées par un capteur thermique. Le courant alternatif est transformé en courant continu afin d'éviter à l'utilisateur le courant induit.

La troisième méthode est d'utiliser des matériaux générant des O.I.L. à température de la pièce mélangés avec des tissus, du papier, des matières plastiques et des céramiques. Comme je l'ai déjà mentionné, toutes les matières génèrent des O.I.L. en fonction de leur température de surface. Cependant, ce composé spécial d'alumine ($AL_2CO_3$) et de silice ($SiO_2$) peut convertir très efficacement toute énergie en O.I.L. de façon que, à température de la pièce, ces composés génèreront plus d'O.I.L. que n'importe quel matériau ordinaire. C'est la NASA, avec l'argent de nos impôts, qui a fait la découverte de ces oxydes minéraux et de leurs capacités à générer des O.I.L., mais ce sont les Japonais qui furent les premiers à y trouver des applications pratiques.

## *Les applications pratiques des O.I.L.*

### *— Le surmatelas à O.I.L.*

Le surmatelas à O.I.L. se fait en deux tailles, pour lits jumeaux et pour lits doubles. Le coeur du surmatelas est la pièce de coton imprégnée de carbone avec deux bandes conductrices aux deux bords gauche et droit. Lorsque c'est allumé, le courant continu transformé circule d'un côté à l'autre sous forme de courant surfacique. Quand le courant circule dans le coton imprégné, il génère des ondes à infrarouges lointains. La pièce de coton est protégée par du polyuréthane de grande qualité qui est lui-même enveloppé dans une couche de polyester molletonné.

Contrairement à une couverture électrique, le surmatelas n'est pas chaud quand il est sous tension. Cependant, si vous vous couchez dessus, il chauffe l'intérieur de votre corps et la partie du surmatelas en contact avec votre peau se réchauffe. Si n'importe quel endroit du surmatelas dépasse la température sélectionnée, le courant est coupé par les sondes disséminées dans le molleton. Il est vendu avec une boîte de contrôle qui transforme le courant alternatif en courant continu et qui permet le réglage de température.

— *Les saunas à O.I.L.*

Un sauna conventionnel chauffe à une température élevée l'air de la cabine qui, à son tour, réchauffe notre corps. Comme les O.I.L. ne sont pas bloquées par les molécules d'oxygène ni d'azote, elles irradient directement à l'intérieur de notre corps, le pénétrant d'environ 5 cm. Nous ressentons une chaleur conséquente et nous transpirons abondamment, mais notre peau n'est pas agressée par de l'air trop chaud. La température de la pièce n'est que de 42°C (108°F).

*— Les plats en matière plastique O.I.L.*

Au réfrigérateur, le poisson ne peut pas rester frais plus de trois jours. Placé dans un plat à O.I.L., le poisson peut rester frais pendant *cinq à sept jours.* Une molécule de protéine est entourée de trois couches distinctes d'eau. La première couche a une épaisseur d'environ une molécule et elle est liée avec la molécule de protéine électriquement (ion). Cette eau est appelée eau de la couche Z ; elle gèle à -80°C (-112°F). C'est là un point important de l'art de la surgélation. Autour de la couche Z se trouve la couche Y d'eau, épaisse de 2 à 3 molécules. Cette couche Y gèle à -10°C (14°F). La dernière couche (la couche X) est faite d'eau libre qui n'est pas influencée par les molécules de protéines. Comme nous le savons, elle gèle à 0°C (32°F). Lorsque ces trois couches sont tenues bien jointes et actives, les enzymes de vie s'activent  et protègent les molécules des bactéries envahissantes.

Si l'on applique une O.I.L. de 10 microns de longueur d'onde à l'eau entourant la molécule de protéine, l'eau s'active par un phénomène de résonance, maintenant les enzymes de vie actifs et conservant l'intégrité de la molécule de protéine. N'oubliez pas que l'O.I.L. de 10 microns de longueur d'onde est en résonance avec la molécule d'eau et maintient active la couche Z et la couche Y même quand la couche X est gelée.

Les moyens conventionnels de conservation se contentent simplement de réfrigérer ou de geler au-dessous de moins 5°C. Dans les températures plus basses, l'activité des bactéries se ralentit ; cependant, les enzymes de vie ralentissent encore plus que les bactéries. C'est pourquoi la viande se gâte au réfrigérateur, même si c'est plus lentement que dehors.

*— Les disques Bio-Mate*

Un disque de céramique de la taille d'un biscuit, recouvert de matériau O.I.L. et placé dans les marmites et les poêles standard peut changer le concept de la cuisson en transformant l'eau de cuisson en eau structurée. Les légumes restent fermes dans l'eau bouillante beaucoup plus longtemps. Le tofu reste souple plus longtemps dans l'eau bouillante si l'on y met le disque Bio-Mate. Ces disques de céramique irradient un plus haut niveau d'énergie dans l'eau bouillante qu'à la température de la pièce.

Il a été constaté que si vous mettez plusieurs disques dans un bain chaud, vous supporterez des températures supérieures. Normalement, un bain devient difficile à supporter à partir de 42°C. Avec ces disques, vous ne serez pas mal à l'aise à 45°C, ce qui vous permettra de transpirer plus abondamment.

— *Les chaussettes et les gants à O.I.L.*

Recouverts de matériau O.I.L., ces chaussettes et ces gants irradient des ondes à infrarouges lointains lorsque pieds et mains touchent la matière, les maintenant au chaud par temps froid.

— *Les sèche-cheveux O.I.L.*

Les sèche-cheveux conventionnels chauffent à l'infrarouge proche l'air qu'ils soufflent directement sur le cuir chevelu. Les sèche-cheveux à O.I.L. opèrent moins chaud et plus vite, sans blesser la peau du crâne, sans risquer d'endommager les racines des cheveux.

— *Les gilets à O.I.L.*

Que pensez-vous d'un bon gilet à O.I.L. pour les skieurs ou les gens qui travaillent dehors en hiver ? Il est à batterie rechargeable en 15 heures pour une utilisation de 8 heures.

*— Le four à O.I.L.*

Il cuit plus uniformément et ne détériore pas les vitamines indispensables et les arômes. Il n'est pas nocif comme peut l'être un four à micro-ondes. Lorsque vous cuisinez d'une manière conventionnelle, une partie des aliments est chauffée et, par conduction, chauffe à son tour le reste. Ce procédé peut endommager la nourriture, voire la brûler par endroit. En la cuisant uniformément et simultanément, vous évitez ce problème.

*— Des œufs durs cuits sans eau*

Lorsque vous faites bouillir un œuf dans l'eau, il doit supporter une température de 100° en surface. Pourtant, cette température n'est pas indispensable pour le cuire. À plus basse température, la cuisson prend un peu plus de temps, mais elle est plus uniforme. Avec un autocuiseur à O.I.L. sans eau, l'œuf est cuit à température beaucoup plus basse, plus uniformément, le jaune comme le blanc, sans endommager les vitamines et les enzymes. Et l'œuf restera exempt de bactéries à la température de la pièce pendant trente jours.

— *Papier céramique O.I.L.*

À utiliser comme un plat O.I.L. sauf que vous pouvez envelopper les aliments avec. Dans les souliers, il vous réchauffera les pieds tout en éliminant les odeurs.

### *Les traitements cliniques aux O.I.L. au Japon*

Toshiko Yamazaki, docteur en médecine, possède au Japon une clinique où elle poursuit ses recherches médicales. Dans son livre *The science of far infrared wave therapies*, elle analyse les principes scientifiques des traitements O.I.L. et énumère nombre de cas cliniques intéressants. Comme le livre est en Japonais, je me permets de traduire pour votre information deux de ces études.

— *Traitement du cancer*

« M. I » a 63 ans. Il a un cancer de l'orifice oesophagien. Depuis sa jeunesse, il s'est toujours nourri de mets délicats et de bons alcools. De plus, il a toujours été gros fumeur. Il a vécu le genre de vie qui pouvait éventuellement le conduire à ce type de maladie. Le 5 avril 1979, il est venu en consultation à la clinique pour des douleurs bronchiques bilatérales. Il m'a dit qu'il avait déjà fait une radio de l'estomac pour un autre médecin qui l'avait trouvée normale. Toutefois, à écouter ses symptômes, je doutais du diagnostique « normal ». Suite à notre examen, nous avons noté quelques anomalies bénignes et quelques problèmes au cou et à la colonne vertébrale au niveau de la taille. En même temps, les analyses sanguines permirent de détecter une cirrhose du foie et une inflammation chronique du foie probablement imputable à la consommation d'alcool.

D'autre part, la recherche du cancer était positive, et sur la base des résultats des tests « alpha-phosphate-protéine », son affection du foie semblait résulter de problèmes existant dans d'autres organes. Nous avons recommandé un examen plus poussé de son estomac qu'il refusa de faire. Puis nous l'avons envoyé faire radiographier sa colonne vertébrale chez un radiologue spécialiste à qui nous avons expliqué la situation, lui demandant de faire en sorte de prendre également une radio de son estomac. Tout en radiographiant la colonne vertébrale, le cou et la taille, il a réussi à obtenir des vues de son oesophage et de son estomac. Le radiologue m'a immédiatement téléphoné pour m'informer du cancer de l'orifice œsophagien, ajoutant que « M. I » n'en avait probablement plus que pour un mois et demi à vivre.

Le docteur pensait que « M. I » était déjà parti. Il avait donc parlé sans retenue au téléphone. Malheureusement, mon patient était toujours dans la salle d'attente, son taxi n'étant pas encore arrivé : il avait tout entendu ! Il est revenu tout droit dans mon bureau avec ses radios, complètement déprimé, et m'a dit ce qu'il avait entendu.

Je lui ai fait état du cas similaire d'un patient atteint d'un cancer de l'œsophage qui avait été totalement soigné en suivant avec ténacité le traitement prescrit. J'ai donc réussi à le convaincre d'entreprendre son traitement avec nous.

En ce temps-là, « M. I » prenait un antalgique familial à base d'aspirine qui a plus tard été retiré du marché par le Ministère de la Santé à cause des risques de cancer en effets secondaires. Notre conclusion fut que notre patient souffrait des toxines produites par cet antalgique et que son cancer avait été causé directement par ce médicament.

Le premier pas fut donc d'excréter le poison cause de l'intoxication, de détruire les cellules cancéreuses et de l'aider à supporter la douleur. Nous avons employé un sauna à O.I.L. pour excréter le poison accumulé. La méthode du sauna fut sélectionnée pour sa capacité à extraire les poisons et à arrêter la croissance de cellules cancéreuses par traitement à haute température à l'aide de chaleur pénétrante dispensée par O.I.L.

Le traitement eut un effet formidable sur les douleurs à la poitrine. Peut-être était-ce à cause de la transpiration abondante et l'excrétion des substances nocives et des vieux déchets accumulés. Toujours est-il qu'il se sentait chaque jour de mieux en mieux. Comme une transpiration excessive élimine également de nombreux minéraux tels que le potassium, nous fîmes spécialement attention à son régime alimentaire. Le corps humain doit maintenir un équilibre entre le potassium et le sodium.

« M. I », dont le diagnostic était d'une survie possible d'un mois et demi seulement, sortit guéri de clinique au bout de trois mois.

« M. S » est un ancien catcheur. Il pesait 110 kg avec une belle brioche. Quand il est arrivé à la clinique, il avait une boule grosse comme le poing au milieu du ventre due à un cancer de l'estomac. De plus, comme il avait plus de soixante dix ans, on lui avait dit qu'il était inopérable. Il est venu dans ma clinique parce qu'on lui avait dit qu'il ne lui restait que trois mois à vivre.

À cause de son obésité, nous avons commencé par prescrire une perte de poids. Tout en suivant un régime strict et équilibré, il suivit un traitement par le sauna O.I.L. Il perdit plus de 20kg en deux mois. De plus, grâce au traitement par la chaleur du sauna O.I.L., la tumeur diminua de volume en un mois et ses douleurs stomacales s'estompèrent en quelques jours. Sa force physique n'étant pas atteinte à ce point-là, nous lui avons donné des pilules contre le cancer et nous avons continué le traitement O.I.L. Dures et raides au début, les parois de son ventre sont graduellement devenues souples et son appétit s'est amélioré. Compte tenu de ces résultats positifs, les médicaments anticancer furent arrêtés par craintes des effets secondaires.

Après un an de traitement à la clinique, il se trouvait en suffisamment bonne santé pour pouvoir la quitter.

Le fait que ces genres de patients sérieusement atteints aient pu s'en sortir avec pratiquement plus aucun symptôme parle en faveur de l'efficacité du traitement du cancer par la chaleur des O.I.L.

— *Traitement des autres maladies*

En plus du cancer, le Dr Yamazaki rend compte du traitement avec succès de nombreuses autres affections par les O.I.L., non seulement par elle-même, mais aussi par d'autres médecins. La liste en est longue : diarrhée chronique induite par le stress, torpeur, douleurs aux épaules, au dos, aux genoux, rhumatismes, tension artérielle trop basse, diabète, affections suite à une exposition aux radiations, asthme et bien d'autres encore.

Le Dr Yamazaki attribue les succès des traitements par O.I.L. à la capacité de ceux-ci à éliminer les toxines du corps. Cela peut ressembler à une simplification excessive, mais, en général, les toxines de notre corps sont acides.

Là où les toxines s'accumulent, la circulation du sang est bloquée. Le traitement par O.I.L. est efficace pour augmenter le diamètre des capillaires encombrées et dissoudre les toxines cachées qui, transportées par le sang, sont excrétées par les urines et la transpiration.

Je ne tiens pas à recommander aux gens d'acheter des saunas à O.I.L. ni des surmatelas pour soigner leurs propres maux. Ce que j'espère, c'est que plus de médecins dans le monde feront l'expérience de cette nouvelle idée et traiteront leurs patients avec en tête d'aider leur corps à soigner leur maladie, en renforçant leur système immunitaire et en éliminant les toxines acides. Trop d'emphase est mise sur les traitements conventionnels qui font usage de médicaments pour « détruire » les éléments non voulus à n'importe quel prix. Habituellement, c'est au prix de la destruction du système immunitaire.

En attendant, les gens sages peuvent faire usage de ces ioniseurs d'eau alcaline, ces saunas et ces surmatelas à O.I.L. et autres, pour prévenir l'accumulation de toxines et de déchets acides dans le but de rester jeunes et en bonne santé pour toujours.

# 7

# *Autres appareils non médicaux d'amélioration de la santé*

## *Appareils approuvés par le gouvernement japonais*

SELON LES PUBLICATIONS du gouvernement japonais, il y a beaucoup d'appareils approuvés de « traitement de la santé » au Japon. Le document cité en référence liste les noms des dispositifs, leurs principes et leurs structures, leur affectation et les notes spéciales d'utilisation. La traduction suivante de cette publication vous est fournie pour information. Je ne garantis pas l'exactitude ni la validité de ces affirmations.

— ***Dispositif de traitement basse fréquence***

« En appliquant deux électrodes près de la zone à traiter, on fait circuler à travers la zone malade un courant de quelques milliampères, de 3 à 1200 hertz. Cela fait l'effet d'un massage et c'est efficace pour le traitement de la fatigue, des raideurs d'épaules, de la circulation sanguine déficiente, etc. »

— *Appareil de traitement aux ondes ultra courtes*

« Placez la zone affectée entre deux plaques électriques, appliquez plusieurs mégahertz de voltage à ces plaques. Le principe est que le corps absorbe l'énergie de cette force électromagnétique et la convertit en chaleur pour traiter l'endroit affecté. C'est une sorte de traitement par la chaleur qui améliore efficacement la circulation du sang, les névralgies, la fatigue musculaire, les raideurs musculaires, et stimule l'activité du tube digestif ».

— *Appareil de traitement par les ultrasons*

« L'appareil génère des vibrations de 1000 kilohertz environ. Il utilise le principe que tout organisme vivant peut absorber l'énergie de l'ultrason et la convertir en chaleur. Les ultrasons peuvent arriver à détruire les organismes vivants. C'est pourquoi il n'est pas approuvé pour utilisation domestique sauf pour le traitement des yeux et l'application en baignoire ».

— *Appareil à ultrason pour le traitement des yeux*

« Cet appareil génère 12 kilohertz de vibrations avec une puissance maximum de 100 milliwatts par centimètre carré. Il est sans risque avec une sortie limitée. Il sert à contrôler les irrégularités de la myopie. Il n'est efficace qu'employé sous la surveillance spécifique d'un médecin ».

— *Appareil à ultrason pour utilisation dans une baignoire*

« Il est conçu pour appliquer l'énergie ultrasonique de 45 kilohertz au corps humain plongé dans un bain chaud. Il utilise le pouvoir nettoyant et chauffant des fréquences des ultrasons. Cela fait l'effet d'un massage sur tout le corps et d'un bon nettoyage. Si les bains chauds ou les massages vous sont déconseillés, vous ne devez pas utiliser ce système. De plus l'application directe sur l'oreille ou l'œil est interdite ».

— *Appareil de traitement de la myopie*

« Il y avait un appareil, vendu par correspondance, qui se disait apte à corriger la myopie en aplatissant le cristallin par pression sur les globes oculaires. Cet appareil créait des risques d'astigmatisme par pression excessive. À l'exception des appareils correcteurs à ultrasons, il n'existe pas d'autre dispositif de traitement oculaire approuvé par le gouvernement japonais ».

— *Vibrateurs*

« Parfois appelé masseur électrique, cet appareil masse en convertissant l'énergie électrique en vibration électrique. On peut y monter des accessoires spéciaux pour masser le visage, la tête, la poitrine, etc. Ils aident à détendre les muscles, éliminer la fatigue, améliorer la circulation sanguine, atténuer la douleur, etc. ».

— *Vibrateurs suceurs*

« Si l'on applique un aspirateur directement sur la peau, il soulèvera juste cet endroit. En utilisant ce principe, l'appareil tire et relâche très rapidement la peau, provoquant un massage du type succion. L'utilisation et les effets de cet appareil sont les mêmes que ceux du vibrateur ».

— *Appareil de traitement par potentiel électrique*

« Un potentiel négatif de 600 à 1000 volts est appliqué au corps isolé, plus de minéraux de calcium et de sodium sont ionisés dans la circulation sanguine, changeant ainsi un corps acide en corps alcalin. Bien qu'il utilise un voltage élevé, il n'y a aucun danger du fait qu'aucun courant électrique ne circule. On appelle parfois cet appareil un dispositif de traitement par électricité statique ou par haut potentiel. Il est efficace sur les épaules raides, les maux de tête, les insomnies et la constipation chronique. Il aide également les patients souffrant d'allergies ; il est cependant conseillé de consulter un médecin avant usage ».

— *Appareil de traitement par infrarouge*

« La chaleur infrarouge ne s'applique pas par conduction mais par radiation ; elle peut donc pénétrer la peau. Elle a depuis longtemps été utilisée pour soigner en chauffant et en séchant. Elle a récemment été utilisée comme appareil de chauffage sous la couverture. Sauf à des températures trop hautes et inconfortables, son utilisation prolongée ne présente aucun danger. Son effet principal est le réchauffement en profondeur. C'est bon pour le rajeunissement, les muscles raides et fatigués, les névralgies, la stimulation des organes digestifs, etc. ».

— *Appareil de traitement par les ultraviolets*

« Cet appareil utilise une lampe fluorescente basse tension au mercure qui génère des ultraviolets. Il sert à désinfecter l'air dans les cuisines et les restaurants. Il est efficace contre les mycoses et les bactéries des dessous de bras. Utilisé à travers un verre spécial qui bloque le spectre de 2600 A°, dangereux pour nos yeux, il est bon pour le bronzage du corps entier. C'est pourquoi il sert au traitement des déficiences en vitamine D. Il ne faut pas regarder directement dans la lampe car cela abîme les yeux ».

— *Boules d'acupressure*

« Plusieurs boules rondes comme des extrusions sont placées à 10cm les unes des autres et vous vous allongez dessus pour appliquer une acupressure par le poids de votre corps. Il en existe plusieurs versions suivant la distribution et la forme des extrusions. L'effet et les applications en sont les mêmes qu'un massage ».

— *Appareil de mesure de résistance de la peau*

« Sur la surface de la peau, il y a des points spécifiques où la conductivité est plus grande qu'ailleurs. Ce sont des points d'acuponcture ou d'acupressure. Cet appareil est livré avec deux électrodes. En tenant une électrode d'une main, cherchez en promenant l'autre sur la surface de la peau les points où le courant est le plus fort dans la zone. Lorsque vous quitterez ce point précis, le courant diminuera. Vous utilisez une source de 10 volts, le courant est très faible. Vous pouvez brûler ce point ou laisser le courant circuler à travers lui pour soigner les désordres du système nerveux réflexe. Pour se soigner à l'aide de ces points, consultez votre médecin ».

— *Appareil de traitement magnétique*

« Il y a dans le sang des ions en circulation. On pourrait considérer que c'est un courant. Appliquer un champ magnétique à un courant influence ce courant. D'autre part le sang est une substance conductrice et une circulation de substance conductrice à travers un champ magnétique génère de l'électricité, ce qui affecte également le flot sanguin. L'appareil de traitement magnétique comporte des aimants permanents dont la force magnétique de surface est de 500 à 800 gauss. Ces appareils existent sous la forme de bande magnétique de poignée, ceinture magnétique, coussin de chaise magnétique, surmatelas et oreiller magnétique, etc. Ils stimulent le flot de sang près de l'endroit où ils sont situés. L'effet est le même que ce soit un aimant permanent ou un électroaimant à condition d'utiliser du courant continu ».

— *Appareil ioniseur d'eau à usage médical*

« Placez une solution de composé de calcium dans un compartiment à polarité positive et de l'eau standard dans le compartiment à polarité négative, séparez les deux par une céramique poreuse et ionisez l'eau. Côté moins, de l'eau alcaline se forme et côté plus c'est de l'eau acide. Boire de l'eau alcaline soigne, entre autres, les diarrhées chroniques, les problèmes de digestion et l'hyperacidité. L'eau acide est utilisée comme solution astringente pour usage cosmétique ».

Le dernier dispositif est le bon vieux ioniseur d'eau. Au Japon, l'eau du robinet ne contient pas beaucoup de minéraux alcalins ; c'est pourquoi, ils ajoutent des composés alcalins dans le compartiment acide afin que seul le calcium ionisé passe dans le compartiment alcalin. L'ioniseur d'eau classique actuel est bien plus facile d'emploi.

Il n'y a pas d'appareils à O.I.L., mais l'on considère qu'ils sont couverts dans la rubrique appareils à infrarouges.

## *Le système magnétique et ses effets sur le corps humain*

### *Système magnétique pour le sommeil*

Il y a fort longtemps que les dispositifs magnétiques pour le sommeil existent. Il y en a avec 200 petits aimants disséminés dans tout le surmatelas, le duvet et les oreillers. Votre corps est enveloppé de flux magnétique pendant votre sommeil. Comme nous l'avons décrit plus haut, le sang contient plusieurs substances conductrices, comme le fer dans l'hémoglobine. Tandis que ces substances conductrices se déplacent dans le champ magnétique, elles créent du courant. C'est une loi de la physique. Nous fabriquons le courant que nous utilisons dans la maison sur le même principe.

Dans le sang, la génération de courant se manifeste par l'ionisation du sang. Toute molécule ionisée est très active jusqu'à ce qu'elle soit rejointe par une molécule égale et de charge opposée, de la même manière qu'une personne célibataire sera en recherche très active de son âme sœur alors que les couples mariés seront plus stables. Comme le champ magnétique et votre cœur pompant l'énergie forcent la séparation d'ions plus et moins, ceux-ci seront très actifs jusqu'à ce qu'ils se stabilisent avec toute autre molécule de polarité opposée.

Dans son état actif, chaque ion a un champ électrique qui incite l'eau à avoir une structure hexagonale et à être active. On a pu constater que les ions actifs dans le sang décollent et font partir la plaque d'athérome et l'on a pu démontrer que l'usage du système de couchage magnétique faisait baisser les pressions sanguines élevées en réduisant progressivement l'accumulation de plaque sur la paroi des artères.

Les longues heures de travail forcé abîment les cellules. Dormir dans le système de couchage magnétique aide à les réparer. Si vous souffrez de mal de dos et de crampes musculaires à l'issue d'un brusque effort laborieux, dormez dans le système magnétique. Votre douleur s'estompera rapidement.

À propos de réparation du corps, le champ magnétique aide à la croissance des os. Si vous vous êtes fracturé un os, le champ magnétique aidera l'os à se reformer, spécialement lorsque les deux parties de l'os ne sont pas jointives.

## *Un champ magnétique prolonge la durée de vie des souris*

Le Dr Okai de l'Université de Kyorin au Japon a remarqué un allongement de la durée de vie des cellules rouges du sang dans le corps de souris élevées dans un champ magnétique puissant. Il constate également : « la durée de vie moyenne d'une souris est de 308 jours. Si l'on soumet des souris à un champ magnétique de 4200 gauss, elle vivent en moyenne 400 jours ». Le docteur dit que cela peut être dû à l'action stérilisante et à d'autres qualités propres au champ magnétique.

J'ai vu et j'ai vécu les effets du système de couchage magnétique qui aide à supprimer nombre de douleurs. Quand je tonds ma pelouse et que j'entretiens mon jardin pendant 4 ou 5 heures, je ressens des douleurs le soir en me couchant. Avant, c'était encore pire le lendemain. J'avais même des douleurs à des endroits où je n'avais pas mal la veille. Mais si je dors dans le couchage magnétique, je me sens beaucoup mieux le matin.

Bien que j'en ressente personnellement les effets et que je recommande cet appareil magnétique à ceux qui ont des problèmes de dos ou qui passent leurs journées de travail toujours debout, je ne classe cependant pas ce matériel comme un dispositif d'inversion du processus de vieillissement. C'est parce que sa fonction première n'est pas vraiment d'extraire les déchets anciens pour les éliminer.

# 8

# *Environnement naturel et santé*

## *Planète Terre*

NOUS VIVONS sur une planète très fragile. Pour survivre, la Terre a, tout autant que notre corps, besoin d'équilibrer ses éléments. Il y a quelque temps, j'observais une vasque de verre entièrement scellée d'environ 17 cm de diamètre. La vasque était aux ¾ pleine d'eau dans laquelle étaient placées 2 petites crevettes et quelques plantes aquatiques.

Les déchets produits et excrétés par les crevettes servaient de nourriture pour les plantes et les plantes alimentaient les crevettes. Les plantes avaient besoin de la lumière de l'extérieur de la vasque pour poursuivre la photosynthèse permettant de séparer le dioxyde de carbone $CO_2$ en carbone et en oxygène. En dehors de cela, cette vasque, dans son ensemble, était autosuffisante et a duré *deux ans et demi* à partir du moment où j'ai commencé à l'observer.

Cela m'a rappelé par de nombreux côtés l'équilibre délicat que nous devons maintenir pour que cette planète continue à fonctionner. Il n'y a aucun doute que la quantité de dioxyde de carbone dans l'air augmente progressivement et que la pollution de l'air et de l'eau sont en train de nous tuer lentement. S'il y avait eu cinq crevettes dans cette vasque, les plantes n'auraient pas été à même de leur fournir assez d'oxygène et il y serait resté trop de gaz carbonique.

Si les scientifiques arrivent à concevoir un moyen de fabriquer des hydrates de carbone à partir de l'air, cela réduira le dioxyde de carbone qui s'y trouve. En attendant, nous devons apprendre à produire moins de dioxyde de carbone et donner aux plantes une chance de rattraper leur retard de production d'oxygène. Nous savons que nombre de personnes responsables sont au courant de ce problème et s'attachent du mieux qu'elles peuvent à le résoudre. Je ne m'étendrai donc pas sur le sujet de la pollution atmosphérique.

Ce qui me tient plus à cœur, c'est de détailler quelques uns des avantages environnementaux naturels dont le Créateur nous a pourvus pour notre santé, pour la survie de l'espèce humaine et de la vie en général.

### *Les deux sortes d'eau de la nature*

Au début, alors que je commençais à peine à boire de l'eau alcaline, j'eus à me rendre dans les montagnes du Colorado pour affaires. Comme ce voyage devait durer deux semaines, je décidai d'emporter l'ioniseur et de faire mon eau dans la chambre d'hôtel. Disposant de la machine, je voulais en plus me rincer le corps à l'aide de l'eau acide après la douche. C'est là que je me suis rendu compte que les eaux de sources des montagnes jaillissant dans les rochers ne contenaient pas de minéraux acides. Le pH de l'eau dans le compartiment acide était inférieur à 7 quelle que soit la durée de fonctionnement de la machine.

D'un autre côté, les eaux des sources chaudes, elles, sont acides. Vous ne pouvez pas sentir le phosphore, mais vous sentirez sûrement le soufre, cette odeur d'œuf pourri, près des sources chaudes. Nous le savons, les gens aiment se baigner dans les sources chaudes pour améliorer la condition de leur peau. Comme je l'ai déjà mentionné, la peau est acide pour tuer les bactéries et les virus. Prendre un bain dans une source chaude n'a pas pour seul but de restituer l'acidité naturelle de la peau : cela permet aussi de « fondre » les déchets anciens dans le sang pour pouvoir les éliminer du corps.

La Nature procure deux eaux bien distinctes : une eau alcaline dépourvue d'acidité, à boire pour aider à éliminer les déchets accumulés dans le corps, et une eau acide, dépourvue d'alcalinité, pour se baigner. L'eau fournie par l'homme est composée de ces deux sortes de minéraux intimement mêlés. Peut-être est-il plus facile d'ajouter des produits chimiques que d'en ôter ?

Aux premiers temps de l'histoire de l'Homme, nous ne mangions pas tellement de nourritures acides ni ne buvions trop de sodas acides ; c'est pourquoi la quantité de minéraux alcalins dans l'eau de source de montagne était suffisante. Compte tenu de notre style de vie actuel, il nous faut une concentration plus forte de minéraux alcalins dans l'eau potable que ce que la Nature met à notre disposition dans ces sources de montagne.

Le pH de l'eau alcaline faite à l'aide de l'ioniseur à partir d'eau de source de montagne est d'environ 8,7 à 8,9. Au départ, l'eau de source naturelle est entre 8,4 et 8,6. En supposant qu'il n'y ait pas de minéraux acides, à chaque fois que vous doublez la quantité de minéraux alcalins dans l'eau, le pH augmente de 0,3.

Le pH de l'eau potable de la ville est aussi en général de 8,4 à 8,6 ; cependant le pH de l'eau alcaline faite à partir d'eau de la ville tourne autour de 9,3 à 10,5. Cela signifie que l'eau traitée par l'homme est de 10 à 100 fois plus chargée en minéraux alcalins que l'eau naturelle des sources montagneuses. Toutefois il faut 32 verres de cette eau « puissamment » alcaline pour neutraliser un verre de cette fameuse boisson acide faite de main d'homme : le cola, au pH de 2,5 !

## *Les ions électriques dans l'air*

De même qu'il y a des minéraux plus et des minéraux moins dans l'eau, il y a des ions positifs et des ions négatifs dans l'air. Les ions négatifs sont des molécules auxquelles sont attachés des électrons supplémentaires. Les ions positifs sont des molécules auxquelles il manque quelques électrons. Les atomes et les molécules sont équilibrés électriquement et sont neutres à l'état stable. Il faut une certaine dose d'énergie électrique pour perdre un électron ou en gagner. Certaines molécules sont faciles à ioniser tandis que d'autres sont beaucoup plus difficiles. Dans un champ électrique fort, elles deviennent plus aisées à ioniser.

Quand les rayons cosmiques du soleil frappent les molécules d'air, ils séparent les molécules en ions positifs et ions négatifs. Comme l'air est un bon isolant, les ions naviguent librement dans l'air. D'un point de vue électrique, le ciel a un potentiel positif par rapport au sol qui joue le rôle de terre ; par conséquent, les ions positifs seront attirés par la terre et les ions négatifs voyageront vers le haut en direction des nuages dans le ciel. Près de la surface du sol, il y a plus d'ions négatifs que d'ions positifs parce que les ions positifs sont disséminés par la terre négative toute proche.

### *Système naturel de nettoyage de l'air*

Les ions tant négatifs que positifs s'accrochent aux polluants et aux poussières présents dans l'air qui sont soit attirés vers le sol s'ils sont liés à des ions positifs, soit vers les nuages s'ils sont accrochés à des ions négatifs. C'est ainsi que la nature nettoie l'air.

Dans les zones urbaines hautement polluées, les rayons cosmiques ne peuvent pas passer très bas à cause des couches épaisses de pollution. Il n'y a donc pas assez d'ions négatifs pour nettoyer l'air. C'est un cercle vicieux. Haut dans les montagnes et près de l'océan, il y a une forte concentration d'ions négatifs. On les compte en nombre d'ions par centimètres cubes (cc). Dans les montagnes  et près de l'océan les ions se comptent en centaines par cc, tandis qu'en ville ils se comptent par moins de dix au cc.

Les vents qui soufflent au-dessus des sables chauds du désert ont une très grande quantité d'ions positifs. Il y a également plus d'ions positifs dans l'air avant les orages de tonnerre. Lorsque deux matériaux de substances différentes se frottent, ils génèrent de l'électricité statique. Un électron négatif se colle à une des substances tandis qu'un électron positif se colle à l'autre. Dans ce cas, c'est l'énergie du frottement qui cause la séparation des électrons d'une molécule et l'attache à une autre. C'est pour cela que certains vêtements en tissus synthétiques collent à votre corps les jours particulièrement secs.

### *Effets des ions sur la santé et l'humeur*

On dit que les ions positifs provoquent une humeur dépressive tandis que les ions négatifs créent l'euphorie. C'est pour cette raison qu'il existe plusieurs marques de générateurs d'ions négatifs d'intérieur sur le marché. Ils essayent de recréer dans votre chambre les conditions atmosphériques des hautes montagnes.

Ce que les utilisateurs de générateurs d'ions négatifs remarquent, c'est que les murs de leurs chambres se salissent parce que les ions négatifs captent les saletés et les poussières de l'air et les collent aux murs dont le potentiel est positif et attire les ions négatifs. Le bon côté, c'est que la crasse va sur les murs au lieu de pénétrer vos bronches. Certains modèles plus récents envoient des ions négatifs pendant 10 secondes, puis changent le potentiel du corps du générateur en haut voltage positif, collectant ainsi les ions chargés de poussière sur le collecteur du générateur.

Il y a deux théories expliquant pourquoi les ions négatifs rendent euphorique tandis que les ions positifs rendent dépressif. La première théorie est que les ions négatifs peuvent se déplacer librement dans le corps. Comme un ion négatif signifie qu'un électron supplémentaire est attaché à une molécule, le mouvement d'un ion négatif signifie le mouvement d'un électron, ce qui est aisé. Les électrons se déplaçant rapidement procurent un massage au niveau moléculaire et relâchent les particules bloquées en certaines parties du corps.

Les ions positifs sont des molécules auxquelles il manque un électron. Ils pourvoient aux champs électriques, mais le mouvement d'un « trou d'électron » est lent. En d'autres termes, il fournit de la tension, mais la décharge de tension par le déplacement d'un ion « trou d'électron » est relativement lente. Quand les ions traversent notre corps, ils suivent le chemin de la plus grande conductivité. Au chapitre 7, nous avons parlé des appareils de détection des points de meilleure conduction. Nous avons défini que ces points correspondaient aux points d'acuponcture. Donc lorsque les ions traversent votre corps, ils y entrent et en sortent par les points d'acuponcture, stimulant ainsi le corps. Indépendamment du réseau nerveux, un réseau de conduction électrique parcourt votre corps.

Si ce réseau de conduction électrique n'existait pas, les électrons en déplacement troubleraient le système nerveux. Ce réseau ressemble au câble paratonnerre d'un immeuble qui protège la plomberie et les fils électriques du bâtiment contre les éclairs. Les électrons qui circulent le long de ce réseau de conduction stimulent les substances qu'ils traversent. Les aiguilles d'acuponcture font le même effet.

La deuxième théorie est que les ions négatifs accroissent l'alcalinité dans le corps tandis que les ions positifs accroissent l'acidité. Comme nous le savons, les molécules d'eau sont divisées en H+ et OH-. Les ions négatifs vont neutraliser les ions H+ et les ions OH- vont ioniser les minéraux alcalins normalement non ionisés. Le résultat net est d'augmenter l'alcalinité du corps. L'effet inverse, c'est-à-dire l'acidification du corps, serait atteint avec les ions positifs.

Ces ions finissent par quitter le corps. S'ils s'accumulent, vous recevrez un choc électrique lorsque vous toucherez un objet métallique. Le meilleur exemple en est que lorsque vous êtes dans un endroit sec et que vous marchez sur un tapis avec des chaussures à semelles de caoutchouc, vous emmagasinez de l'électricité statique dans votre corps. Puis si vous touchez un bouton de porte, vous recevez un choc. Les ions et les « radicaux libres » ne peuvent pas être stockés dans votre corps sans changer le potentiel électrique de celui-ci. Ils finiront par quitter votre corps. Mais avant cela, ils peuvent en changer la chimie.

## *Gradient de potentiel électrique dans l'air*

En prenant la surface de la terre comme voltage de référence de zéro volt, la haute atmosphère est à des dizaines de milliers de volts. Un homme se tenant sur le sol au niveau de la mer supporte un champ gradient (gradient = variation du potentiel électrique entre deux points) de potentiel électrique de 400 volts par mètre. Comme nous sommes habitués à ce champ et qu'il n'y a pas de courant mesurable traversant notre corps, nous ne ressentons pas le champ gradient. Mais il est là cependant. Sur une colline, disons de 100 mètres de haut, le potentiel statique normal serait de 40.000 volts (400 x 100 = 40.000) s'il n'y avait pas de colline à cet endroit. Le potentiel électrique d'une véritable montagne est de zéro volt, comme au niveau de la mer, parce que la terre est un bon conducteur. Résultat : sur une montagne, le gradient potentiel est bien plus haut, jusqu'à 1500 volts suivant la forme du terrain.

### *Le gradient potentiel et les éclairs*

Le seul moment où nous ressentons les effets de gradient de voltage, c'est lorsque le gradient est si haut qu'il explose. L'éclair en est un exemple. Il dépend de l'humidité de l'air : lorsque le gradient atteint 10.000 volts par centimètre, l'air se brise (est ionisé) et devient conducteur. Plus le degré d'humidité est important, plus la rupture est facile.

Dix mille volts par centimètre semblent beaucoup, mais si deux objets ont une différence de potentiel de seulement 10 volts et sont rapprochés de plus en plus avant qu'ils ne se touchent, l'espace sera de l'ordre de 1/1000$^{e}$ de cm. À cet instant, le gradient de voltage sera de 10.000 volts/cm et l'éclair aura lieu. Je suis sûr que vous avez vécu l'expérience de cet éclair en touchant un bouton de porte dans un endroit sec.

### *Interaction avec les ions*

Pour revenir aux gradients de voltages de mère Nature, un homme qui marche ou se tient debout en plein champ se déplace dans un champ de gradient de voltage. Comme je l'ai déjà dit, il y a des ions négatifs flottant dans l'atmosphère et qui vont généralement vers le haut. Dans ce cas, les ions négatifs traversent son corps des pieds à la tête par un réseau de haute conductivité.

Plus le gradient de potentiel est fort et les ions négatifs nombreux dans l'atmosphère, plus les ions seront nombreux à traverser le corps, à stimuler la circulation  et à masser au niveau moléculaire. Cela pourrait être l'une des raisons pour lesquelles les gens vivent plus longtemps en montagne. N'oublions pas non plus qu'ils disposent d'eau alcaline exempte d'acide issue des sources de montagne.

L'habitat des villes détruit ces avantages naturels. Nous vivons, nous travaillons dans des gratte-ciel qui rendent le gradient de voltage à l'intérieur des structures égal à zéro à cause des poutres d'acier et de toutes sortes de tuyaux conducteurs. Il n'y a pratiquement aucun ion négatif généré naturellement non plus dans ces structures. Et en plus, l'électricité statique générée par les polyesters et autres matériaux synthétiques n'est constituée que d'ions positifs. Il n'y a rien d'étonnant, par conséquent, à ce que les habitants des villes soient plus déprimés et plus acides que les habitants de la campagne.

## *Le champ magnétique de la nature*

Comme nous le savons, la terre a un champ magnétique. Nous l'appelons généralement le Pôle Nord et le Pôle Sud. Ce que nous nommons le pôle Nord d'un aimant, c'est l'aiguille qui pointe vers le Nord. Cela signifie que l'aimant de la terre positionné au pôle Nord de la terre est en fait le pôle Sud d'un aimant.

Une ligne de champ électrique est radiale, c'est-à-dire qu'elle a pour origine une charge positive et se termine à une charge négative. Elle a un début et une fin. Une ligne de champ magnétique forme une boucle et n'a ni début ni fin. Elle tourne sans fin sans que rien ne se déplace physiquement.

### *Courant électrique et champ magnétique*

Comme un objet se déplaçant rapidement crée une turbulence dans l'air autour de lui, un électron en rapide mouvement crée un champ magnétique tournant autour de l'objet perpendiculairement au mouvement. Si un électron bouge dans une page de ce livre, la turbulence du champ magnétique créé par ce déplacement d'électron est de forme circulaire, à plat sur la feuille et tourne dans le sens inverse des aiguilles d'une montre.

Comme le sens d'un passage de courant électrique est opposé à celui du déplacement d'un électron, le courant entrant dans une page de ce livre créera un champ magnétique circulant sur la page dans le sens des aiguilles d'une montre. Si un courant circule sur le plat d'une page dans le sens inverse des aiguilles d'une montre en formant une boucle circulaire, les lignes de champ magnétique vont circuler autour du cheminement de courant. Elles sortiront de la page côté intérieur de la boucle de courant et entreront dans la page en dehors de la boucle de courant. À l'intérieur de la boucle de courant, le devant de la page sera appelé un pôle Nord et le dos de la page sera appelé un pôle Sud.

### *Le champ magnétique terrestre*

La façon dont le champ magnétique terrestre est généré n'est pas très claire pour les scientifiques mais d'après son comportement, ils supposent qu'il est créé par un flot d'électrons longeant approximativement l'équateur du cœur de la terre. Ce flot peut apparemment aller plus vite ou plus lentement, s'arrêter, aller dans le sens opposé. Le sens présent du champ (du sud vers le nord) indique que le flot d'électrons actuel est dans le sens inverse des aiguilles d'une montre comme le montre le Nord géographique.

Les pôles magnétiques ne tombent pas exactement aux pôles géographiques ; cependant, en moyenne sur une période de 10.000 ans, ils coïncident bien avec les pôles géographiques. Les scientifiques peuvent déduire l'histoire du champ magnétique terrestre, l'emplacement des pôles et les polarités en étudiant les alignements des particules de fer en dépôts dans les roches sédimentaires, etc.

Le fait le plus marquant pour les êtres vivants concernant le champ magnétique terrestre est qu'il peut s'inverser. Il s'est inversé à des intervalles irréguliers variant de dizaines de milliers d'années à des millions d'années. La dernière inversion survint il y a 730.000 ans. Les inversions durent 1000 ans ou plus. Pendant l'inversion, il n'y a pratiquement aucun champ magnétique. Cela doit affecter les animaux, certains insectes et certains oiseaux qui ont besoin du champ magnétique terrestre pour s'orienter.

### *Syndrome déficitaire du champ magnétique*

L'orientation n'est pas le seul problème. Les scientifiques notent que le champ magnétique est en train de diminuer. Ils calculent que durant les 500 dernières années, le champ magnétique terrestre a diminué de 50%. Actuellement, il décroît à raison de 0,5% l'an. Le Dr Nakagawa, directeur de l'Hôpital Isuzu à Tokyo, dans sa thèse sur le « Syndrome déficitaire du champ magnétique et le traitement magnétique » fait remarquer ces faits et dresse une liste des syndromes de nos contemporains qu'il relie à la déficience du champ magnétique.

Le Dr Nakagawa pense que la tendance actuelle de la force décroissante du champ magnétique terrestre crée le Syndrome déficitaire du champ magnétique. Il précise ceci : « je pense qu'il y a une relation directe entre la baisse du champ magnétique terrestre qui agit sur le corps humain et l'amélioration de ces conditions anormales pour le corps humain par l'application de champs magnétiques ».

À l'intérieur des constructions en poutres d'acier, la force du champ magnétique est encore plus réduite. De même que le cuivre procure un bon cheminement pour les courants électriques, les substances magnétiques comme le fer, l'acier et le nickel fournissent un cheminement aisé pour les lignes de champ magnétique, ne laissant pratiquement aucun champ magnétique pour l'espace environnant. L'habitat urbain réduit encore plus le faible champ magnétique terrestre.

### *Champ magnétique et santé*

Comme mentionné plus haut, toute substance conductrice se déplaçant en présence d'un champ magnétique produit de l'électricité. Tout notre courant domestique est fabriqué sur ce principe. Les animaux qui s'orientent grâce au champ magnétique ont des dispositifs de mémoire qui enregistrent les faibles courants générés par leurs propres déplacements dans le champ magnétique. Ce que les docteurs japonais sont en train de découvrir, c'est la corrélation entre les améliorations de la santé et les applications d'aimants à certaines parties du corps.

Considérant la tendance actuelle à la diminution du champ magnétique, certains scientifiques nous préviennent que cela pourrait être le début de l'inversion du champ magnétique terrestre. Certains scientifiques trouvent également des corrélations entre l'extinction de certaines espèces d'animaux et l'inversion du champ magnétique terrestre. Fort heureusement la science moderne est à même de produire des champs magnétiques à l'aide de courant continu.

### *Un environnement de santé fait de main d'homme*

Le premier contrôle de l'environnement par l'homo sapiens fut peut-être de réchauffer la pièce à l'aide d'un feu. Nous avons depuis appris bien des astuces pour vivre confortablement dans un environnement hostile. Nous avons appris à humidifier l'air d'une chambre, à la rafraîchir par la climatisation, à en éliminer les poussières par filtres mécaniques et autres puissants moyens de collecter la poussière, etc.

C'est en apprenant de la Nature que nous pourrons ajouter quelques améliorations supplémentaires à nos maisons du vingt et unième siècle. Nous pouvons créer des champs magnétiques imitant parfaitement ceux des sommets montagneux dans notre chambre en plaçant une plaque électrique de +2000 volts au-dessus du plafond et la plaque de terre sous le sol. Il n'y a aucun courant mesurable, donc peu de consommation d'énergie. Peut-être pourrions-nous également placer un générateur d'ions négatifs dans chaque pièce pour recréer de l'air des hautes cimes.

Dans ce cas, je suggère que vous utilisiez un matériau décoratif aisément remplaçable et lavable au plafond car la plaque de +2000 volts attirera la poussière. Les ions négatifs se colleront aux poussières et aux bactéries de l'air et monteront vers la plaque de +2000 volts. Ce sera une nouvelle façon de nettoyer l'air de la pièce.

Comme autre amélioration, vous pourriez entourer la pièce de spires de fils conducteurs et y faire passer un faible courant continu pour générer un champ magnétique imitant celui de la terre. Il faudra que celui-ci ne soit pas trop fort pour ne pas affecter les montres, les disques d'ordinateurs, etc. Des spires de la taille de la pièce ne créeront pas un champ très fort.

Dans la maison du vingt et unième siècle, l'ioniseur d'eau sera un « must » intégré à la cuisine, le four à micro-ondes sera remplacé par le four à O.I.L. Les lits à eau seront remplacés par des lits magnétiques et des couchages à O.I.L. Certains chauffages utiliseront les systèmes à O.I.L., très économes en énergie.

Toutes ces nouveautés permettront de vivre en meilleure santé, plus confortablement et plus longtemps. La toute nouvelle industrie de l'inversion du vieillissement va voir le jour. Quand nous repensons à la fin du siècle dernier, nous mesurons l'ampleur des progrès que nous avons faits. Lorsque nous nous tournons vers le vingt et unième siècle, tant de choses passionnantes nous attendent. Et le plus exaltant, c'est que vous qui êtes en train d'achever la lecture de ce livre, vous allez vivre de longues vies en bonne santé, et vous verrez de vos propres yeux tous ces changements arriver.

# 9

# *Les théories conventionnelles du vieillissement*

RÉCEMMENT aux États-unis, de nombreux articles sont parus sur la théorie du vieillissement et sur les solutions potentielles pour ralentir les effets de celui-ci. Il est très intéressant de noter que presque tous les articles appelaient ces solutions à venir « la fontaine de jouvence ». Et pourtant personne ne recherche la solution dans l'eau à boire. Il est clair, je pense, que tout le monde passe à côté de la solution.

Les chercheurs américains ne lisent pas beaucoup les rapports de recherches étrangers. Ils ne font pas référence au pH, à l'acidité, à l'alcalinité ni au déficit en oxygène. Dans ce chapitre, je vais exposer certaines des théories du vieillissement et les comparer avec la mienne.

## *La théorie de l'usure normale*

La théorie du vieillissement usure normale affirme que le métabolisme produit des vengeurs toxiques qui rancissent les lipides de nos cellules et rouillent nos protéines. Elle précise d'autre part que les dégradations s'accumulent jusqu'à ce que l'organisme parte en morceaux comme une vieille bagnole. Cela est partiellement exact. Le métabolisme produit en effet des toxines qui rancissent les cellules et rouillent les protéines si on les laisse stagner dans les cellules indéfiniment.

Les dégradations accumulées finiront par détruire les cellules. Cependant, puisque les toxines sont acides, on peut les neutraliser et les supprimer sans risque à l'aide de substances alcalines, et les dégâts aux cellules n'ont pas à se produire. Pendant notre jeunesse, notre corps est plus alcalin, ce qui retarde le démarrage de l'usure normale.

## *La théorie de l'obsolescence planifiée*

La théorie de l'obsolescence planifiée soutient que le vieillissement est génétique, programmé dans l'organisme comme la puberté. Il se peut que cette théorie soit partiellement vraie. Qu'un organisme complexe comme le corps humain puisse se développer à partir d'une seule cellule ne peut pas se passer d'un seul coup. Il faut qu'il y ait un ordre planifié de développement. Cependant, je pense qu'une fois le corps adulte totalement développé, le sablier de notre organisme, c'est l'accumulation de déchets acides, synonyme de pH plus bas et de déficit en oxygène.

On peut accélérer le minuteur en buvant des colas fortement acides, ou le ralentir ou même l'inverser en buvant de l'eau alcaline à pH élevé. Fumer est une autre façon d'accélérer le minuteur. La cigarette prive notre corps d'oxygène et abaisse son pH. Au fait, nous pouvons aussi faire monter notre tension en fumant.

## *Le nombre limité de divisions cellulaires*

Autre théorie : l'éventualité qu'il y ait une limite au nombre de divisions d'une cellule avant sa détérioration. On dit également que les cellules de personnes âgées se divisent moins souvent tandis que les cellules d'embryons sont celles qui se divisent le plus.

Le docteur Alexia Carrell a gardé des morceaux de cœur de poulet vivants dans une solution saline contenant des minéraux dans des proportions identiques à celles du sang de poulet, et ce *pendant plus de 28 ans !* Le secret est qu'il a changé cette solution une fois par jour. Autrement dit, il a éliminé les déchets chaque jour. Un poulet ordinaire ne survit pas 28 ans, loin de là. Cela signifie qu'il n'y a aucune limite au nombre de divisions de cellules pourvu que les déchets de ces cellules soient éliminés jour après jour.

Il se peut que les divisions de cellules soient limitées tant que nous n'éliminons pas les déchets chaque jour. Je suis sûr que les cellules de personnes âgées ont plus de déchets en elles, et que c'est pour cette raison qu'elles se divisent moins souvent. Les tests du Dr Carrell nous amènent à questionner également la validité de la théorie du vieillissement génétiquement programmé exposée plus haut.

## *Le glucose, cause du vieillissement*

Cette théorie suggère que le fautif dans le processus de vieillissement pourrait être le glucose (sucre du sang) qui solidarise entre elles les protéines dans les cellules et autour d'elles par la réaction appelée « crosslink » (liaisons croisées). Ce qu'ils ne disent pas, c'est que le sucre piège solidement l'oxygène. C'est pour cette raison que des produits apparentés au sucre sont utilisés pour renforcer les matières plastiques.

Chaque fois qu'une matière plastique passe à travers un cycle de chauffage, elle s'affaiblit parce que l'oxygène de l'atmosphère entre dans la matière par le fait de la haute température créant ainsi des « trous » d'oxygène. Si l'on mélange du sucre dans la matière plastique pendant la chauffe, le sucre s'empare de l'oxygène le premier, rendant la matière plastique plus solide. Ce que je veux dire, c'est que s'il y avait suffisamment d'oxygène autour du glucose, celui-ci serait brûlé complètement et deviendrait de l'acide carbonique volatile ne créant aucun crosslink de protéines. Tous, jeunes et vieux, nous mangeons des hydrates de carbone, et le glucose est tout autour de nos cellules quel que soit notre âge. Le problème, c'est le manque d'oxygène, pas le glucose.

Nous pourrions voir la chose d'une autre façon, du point de vue des trois couches d'eau entourant une molécule de protéine. Lorsqu'une cellule perd de son alcalinité, la couche Y perd ses structures hexagonales et permet au sucre ou à toute autre substance, les bactéries par exemple, d'entrer en contact avec la molécule de protéine. Comme le dit le Dr Chun, l'activité de l'eau de la couche Y est d'une extrême importance pour maintenir l'intégrité tant de la protéine que de la cellule. C'est l'accumulation d'acides dans la cellule qui laisse le glucose créer des crosslinks de protéines.

## *Les crosslinks, cause de nombreuses affections*

Les conventionnels attribuent aux crosslinks et au glucose de nombreuses affections, diabète, cataractes, artères bouchées, problèmes de reins, dégâts aux bronches entre autres. Toutes ces dégradations sont les résultats symptomatiques de l'excès d'acides et du manque d'oxygène. Ils regardent les symptômes plutôt que les causes premières. Quand vous comprenez la cause simple de base, la solution n'est pas difficile à trouver. Trop de bonbons, trop de sodas au cola pour les jeunes peuvent causer du diabète, parce qu'ils accaparent l'oxygène et l'empêchent d'agir positivement sur le reste du corps.

Ils mentionnent les cellules du système immunitaire appelées macrophages qui reconnaissent naturellement le vieillissement, les crosslinks de protéines, et s'en débarrassent. Mais ils disent que pour des raisons inconnues les cellules du système immunitaire perdent de leur efficacité avec l'âge. En me basant sur ce que M. Konno et M. Chun ont dit sur les couches d'eau, je crois que lorsque les activités de la couche Y d'eau ralentissent ou que les structures hexagonales se détériorent par acidification excessive, les cellules macrophages sont désactivées.

Toutes les fois que la médecine moderne dit « pour des raisons inconnues », je traduis « à cause de l'acidification ». C'est parce qu'ils ne font pas attention à l'acidité et à l'alcalinité des déchets et des cellules que pour eux le processus du vieillissement devient une « raison inconnue ».

## *La théorie du taux métabolique*

Ils disent qu'un taux métabolique plus bas ralentit le processus de vieillissement et cela implique que nous avons une quantité fixe de métabolisme pour toute notre vie et que lorsque nous la dépassons, nous sommes morts. Je suis d'accord avec la première partie de l'affirmation, mais pas avec les deux autres. Vous souvenez-vous de l'expérience du Dr Carrell sur le morceau de cœur de poulet? Il n'y a pas de quantité fixe de métabolisme. Un taux métabolique lent signifie une production lente de déchets acides, et cela veut dire pour le corps une meilleure chance de se débarrasser de ces déchets plus complètement.

Si vous buvez de l'eau alcaline, vous n'avez pas besoin de ralentir le taux métabolique pour disposer des déchets plus efficacement. Je ne veux pas être tout le temps affamé juste pour vivre plus longtemps.

## *La théorie des radicaux libres*

On ne me fera pas croire que les radicaux libres sont la cause du vieillissement, principalement parce que le processus de vieillissement est une progression en bon ordre plutôt qu'un procédé désordonné fruit d'un mécanisme stochastique. Les ions négatifs de l'atmosphère sont des radicaux libres et, en montagne, les gens vivent plus longtemps alors qu'il y a plus d'ions négatifs dans l'air. Les radicaux libres peuvent fort bien être le résultat symptomatique d'une condition acide prononcée et les médecins sont probablement en train d'aboyer dans la mauvaise direction une fois de plus.

Nous attachons de l'importance à l'effet cancérigène des polluants et des retombées radioactives. Ce qui nous inquiète le plus, c'est qu'ils détruisent les cellules saines. Les cellules mortes deviennent des déchets acides qui à leur tour peuvent causer la destruction d'autres cellules à moins qu'ils ne soient éliminés rapidement et sans risque. Le fait que certaines personnes soient affectées plus que d'autres dans le même environnement peut s'expliquer par la capacité plus grande de certains individus à éliminer les déchets causés par les polluants et les retombées radioactives.

Oui, il est important de nettoyer notre environnement et d'éliminer les retombées radioactives ; cependant nous pouvons en même temps tenter de surmonter les mauvais effets de ces éléments cancérigènes en aidant notre corps à se débarrasser des déchets causés par ces éléments.

## *La théorie des gènes*

La gérontologie américaine essaye de trouver des réponses dans les gènes. Améliorer les gènes humains peut éventuellement aider les générations futures, mais alors, qu'advient-il de ceux d'entre nous qui sont déjà adultes et vieillissants ? Ils aiment s'impliquer dans des sujets compliqués mais quelquefois ils oublient de considérer les simples faits fondamentaux.

Le simple fait fondamental, c'est que quelle que soit l'amélioration qu'une personne pourra apporter à ses propres gènes, tant que les cellules ne seront pas nettoyées de leurs déchets et que ceux-ci ne seront pas éliminés, ces cellules mourront.

## *La théorie des enzymes de croissance*

Récemment, une couverture médiatique de grande envergure a mis en avant «l'inversion du vieillissement » par injection d'enzymes ou d'hormones de croissance. À l'appui de cette théorie, ils ont montré plusieurs personnes rajeunies par ce moyen. Quelques jours plus tard, des rumeurs ont couru sur le risque que les enzymes de croissance fassent grossir les tumeurs bénignes.

Quand les cellules vieillissent, elles ne se développent pas et ne se divisent pas aussi aisément que les cellules jeunes. J'attribue cela à l'acidification des cellules qui rend les enzymes inactifs. Mon approche est d'augmenter l'alcalinité de façon à inciter vos propres enzymes à croître. L'injection d'enzymes de croissance est le traitement du symptôme plutôt que de la cause. C'est similaire à la transplantation de cellules d'embryons de mouton.

Lorsque vous injectez des enzymes de croissance ou des cellules d'embryon de mouton, il faut faire attention aux effets secondaires. Tandis que lorsque vous réduisez l'acidité de façon a stimuler vos propres enzymes, il n'y aucun effet secondaire à craindre. Et tant que l'acidité du corps demeurera, les enzymes ou les cellules d'embryon injectés finiront par redevenir inactifs.

Et ils facturaient 30 à 60.000 dollars pour cette cure de rajeunissement temporaire.

## *La cryoconservation*

Récemment, des gens ont payé des centaines de milliers de dollars pour congeler leur corps ou juste leur tête après leur décès dans l'espoir qu'un jour la science trouve : 1) un moyen de les dégeler sans risque, 2) une méthode pour les faire revivre, 3) une cure pour la maladie cause de leur mort et 4) une façon de régénérer leur corps à partir de leur seule tête décongelée. C'est à se demander : « mais qu'avaient-ils dans la tête ? » ! Il y a toutes les chances pour que la société en question fasse faillite avant que les scientifiques n'aient découvert le premier pas.

Je leur recommande plutôt de conserver leurs cellules de moelle osseuse jusqu'à ce que la science trouve le moyen de créer un nouvel individu à partir d'une cellule unique. D'abord, ils n'auraient pas besoin de commencer par mourir, et cela coûterait beaucoup moins cher que la cryoconservation. De plus, je crois que les chances de mettre au point cette technologie sont bien supérieures à celles de ressusciter un mort congelé.

Si je dois vivre 300 ans en éliminant mes déchets journaliers, je ne suis pas sûr de pouvoir supporter un autre moi-même, mon clone, près de moi.

Aucune de ces théories ne donne de solution simple. Les partisans de chaque théorie sont en train de travailler dur pour trouver les pilules qui ralentiront le processus de vieillissement. Plus la théorie est compliquée, plus ils peuvent obtenir de crédits de recherche pour continuer à travailler et à assurer la sécurité de leur emploi. Tous les chercheurs de la pilule anti-âge disent qu'ils recherchent la « fontaine de jouvence », et pourtant aucun n'étudie l'eau à boire. Pire encore, ils doivent être en train de boire un de ces sodas.

# 10

# *Conclusions et post-scriptum*

# *Conclusions*

## *Comprendre la vraie cause du vieillissement*

Le premier pas dans l'inversion du vieillissement est de comprendre sa cause et son processus. Alors on pourra stopper le processus en éliminant la cause. La science médicale moderne travaille d'arrache-pied sur le comment sans s'intéresser au pourquoi. Il y a plusieurs processus différents selon les parties du corps que l'on étudie, mais il n'y a qu'une seule cause pour ces différents processus. C'est l'accumulation des déchets acides dans le corps. Selon l'endroit où nous les stockons, ils créent divers symptômes.

### *La science médicale moderne est passée à côté*

Nous vivons un âge de spécialisation, particulièrement dans le domaine médical. Les médecins en savent tellement dans le domaine étroit de leur spécialité qu'ils ne peuvent pas avoir de vue d'ensemble du problème. C'est pour cela que leur échappe la cause simple, l'accumulation de déchets acides que le corps produit durant le processus normal de son existence. L'acidification est très graduelle et le processus se développe à travers tout le corps. C'est pourquoi il ne fait partie du domaine d'aucun spécialiste.

Par exemple, la recherche sur le cancer est divisé en de nombreux domaines différents : cancer du sein, cancer du foie, cancer des reins, cancer du pancréas, cancer de l'estomac, cancer des bronches, et ainsi de suite. Aux yeux des médecins, si votre spécialité n'est pas le foie, vous n'êtes pas qualifié pour parler du cancer du foie. Personne ne vous écoutera. La cause de l'acidification n'est pas dans le foie ; les spécialistes du foie ne pourront donc pas trouver la cause du cancer du foie. Voilà comment nous nous perdons dans les brumes de la spécialisation.

## *L'approche scientifique simple*

Fort heureusement, je ne suis pas médecin ; je suis donc à même de regarder le phénomène du vieillissement avec un œil neuf, indépendant de l'approche conventionnelle de la science médicale. Comme je suis ingénieur, scientifique et inventeur, mon approche est chimique, physique et mathématique, c'est-à-dire par la science pure plutôt que par la science médicale. La science médicale est une sorte d'étude statistique ; elle requiert donc de larges échantillons, de préférence en double aveugle afin que la psychologie d'un docteur ou d'un patient n'influence pas la statistique.

Le fait que l'eau alcaline neutralise l'acide est de la chimie élémentaire et ne demande ni analyse statistique ni test en double aveugle. Le fait qu'il y a 10 x $10^{2°}$ fois plus d'ions OH- que d'ions H+ dans un verre d'eau de 10cl au pH de 10, et le fait qu'il y a 316,2 x $10^{2°}$ fois plus d'ions H+ que d'ions OH- dans un verre de cola au pH de 2,5 sont purement physiques et mathématiques et, encore une fois, ne demandent ni analyse statistique ni test en double aveugle.

Selon ma propre expérience, je sais que les vitamines sont bonnes pour votre santé mais je ne peux pas en expliquer les raisons en termes de science pure. Le seul moyen de prouver que telle vitamine aide telle partie du corps à fonctionner est l'analyse statistique sur un large échantillon de personnes, préférablement par la méthode du double aveugle sur une longue période de temps pour s'assurer qu'il n'y a pas d'effets secondaires. J'ai fait de mon mieux pour rester à l'écart de ces produits qui sont sensés marcher mais que je ne pouvais pas expliquer à l'aide de mon seul bagage scientifique.

### *Comment la recherche scientifique a commencé*

Tout a commencé lorsque ma pression sanguine a diminué après avoir bu de l'eau alcaline pendant six semaines. J'ai voulu savoir comment l'eau pouvait le faire. Je voulais savoir si ce n'était pas seulement un effet placebo. Il m'était facile de savoir ce que je buvais et comment l'ioniseur fabriquait l'eau alcaline.

Il s'agissait simplement de physique et de chimie. Ce qui me prit un moment à étudier et à comprendre, ce furent les aliments que nous mangeons et les déchets que nous créons à partir de ces aliments. Cela, en relation avec l'eau alcaline, se comprenait parfaitement.

### *L'eau*

C'est pourquoi j'ai consacré le chapitre 2 aux calculs mathématiques de l'eau, du pH, de l'H+, de l'OH- et de l'oxygène en excès, afin de partager tout ce que je sais sur l'eau. Les recherches continues sur l'eau et ses structures que font de nombreux scientifiques sont fascinantes lorsque nous cherchons à comprendre les fonctions de l'eau dans un organisme vivant.

Cependant, la chose la plus importante à retenir du chapitre 2, c'est le fait que l'eau acide a un déficit en oxygène tandis que l'eau alcaline est riche en oxygène. Quand la quantité d'oxygène supplémentaire de l'eau alcaline contrebalance le déficit en oxygène de l'eau acide, l'eau devient neutre. C'est pour cela qu'il faut 32 verres d'eau alcaline (pH 10) pour neutraliser un verre de cola (pH 2,5).

La deuxième chose à retenir est que la mesure du pH est une puissance de 10 ; donc une petite différence de pH signifie une grosse différence de quantité d'oxygène ou d'ion OH-. La différence de 1 point de pH signifie dix fois la différence en nombre d'ions OH-, et du sang ayant un pH de 7,45 contient 64,9% de plus d'oxygène en excès qu'un sang au pH de 7,30.

### *L'alimentation*

Au chapitre 3, j'ai couvert les éléments chimiques des aliments que nous mangeons et tous les déchets que le corps produit. Je ne m'attends pas à ce que tout le monde retienne toutes les formules chimiques, mais l'important est de se rappeler que la majorité des déchets que notre corps produit est acide et que tous les déchets que nous accumulons, eux, sont acides. Ce sont des acides organiques aussi bien qu'inorganiques.

### *Le corps humain*

Au cours de mon étude sur le sujet du vieillissement, j'ai conçu un respect particulier pour la merveilleuse conception du corps humain par le Créateur. La façon dont il est structuré pour compenser tous les excès que nous nous infligeons dépasse mon imagination. Je l'ai couvert au chapitre 4. Il n'est pas important d'appréhender toutes les formules chimiques qui expliquent ce que le corps fait pour réagir et maintenir le niveau de pH en fonction de tous les déchets que nous éliminons.

Ce qu'il est important de retenir du chapitre 4, c'est ceci : malgré le grand numéro d'équilibrage auquel se livre notre corps à cause de notre style de vie, nous finissons par accumuler une quantité croissante de déchets en différentes parties du corps, causant une acidification progressive. Autre fait important à retenir, l'acide coagule le sang et détériore la circulation sanguine aux endroits où il est stocké. Cela, à son tour, provoque le fonctionnement erratique de certains organes et nous commençons à remarquer les signes symptomatiques du vieillissement.

### *Les causes des maladies d'adultes*

Au chapitre 5, j'ai parlé des différentes maladies dégénératives d'adultes, résultat de l'accumulation acide. J'ai fait de mon mieux pour en expliquer les causes d'un point de vue non pas médical, mais plutôt scientifique. Ces maladies sont ce que les médecins japonais disaient avoir traité et soigné au Japon au moyen de l'eau alcaline et/ou par élimination des toxines et des déchets.

L'intention de ce livre n'est pas d'enseigner aux gens la façon de soigner les maladies elles-mêmes. Pour cela, il faut consulter votre médecin. La prétention de ce livre, c'est de faire comprendre les véritables causes de toutes ces maladies d'adultes, de les empêcher avant qu'ils ne deviennent incurables et que le corps ne souffre d'irréversibles dégâts.

### *L'eau alcaline n'est pas un médicament*

N'oubliez pas que l'eau alcaline n'est ni un médicament ni une nourriture. Mais les médecins recommandent certains types d'aliments pour telle ou telle maladie spécifique, comme la pression sanguine excessive ou la goutte. Ils vous disent également ce qu'il ne faut pas manger.

Ce que je dis au monde, c'est de boire de l'eau alcaline pour laver les déchets acides, cause universelle de plusieurs maladies d'adultes. Je conseille également au monde de s'abstenir de boire les sodas et notamment les colas parce qu'ils sont acides et j'en explique les raisons en termes scientifiques simples.

Ce que j'espère sincèrement, c'est que les médecins essaieront ces méthodes scientifiques avec leurs patients afin de se rendre compte par eux-mêmes à partir de quel stade ces maladies deviennent incurables et quel type de symptôme montre que le corps est en train de subir des dégâts irréversibles. Les médecins sont les mieux qualifiés pour ce genre de constat. Le problème, c'est que la plupart des médecins auxquels j'ai parlé sont sceptiques en ce qui concerne l'eau alcaline mais veulent bien un ioniseur gratuit.

## *Méthodes et dispositifs d'inversion du vieillissement*

Au chapitre 6, j'ai décrit les méthodes et les appareils destinés à améliorer la santé et à inverser le processus de vieillissement. Les américains ont choisi la difficulté tandis que les Japonais ont choisi la facilité. La méthode américaine, c'est régime et exercice tandis que les Japonais, eux, utilisent des appareils scientifiques, ioniseurs d'eau, appareils à O.I.L., dispositifs magnétiques.

Aux États-unis, le commerce de l'éternelle jeunesse est très florissant. La première vague des natifs du baby boom aura cinquante ans dans les dix prochaines années. Le désir de rester jeune pour toujours prolifère. Les appareils facilement utilisables que j'ai décrits au chapitre 6 commencent à peine à être commercialisés en Amérique. Si les sociétés américaines sortent des méthodes conventionnelles de traitement superficiel des rides ou des appareils ne soulageant que les symptômes, et se mettent résolument à développer des dispositifs qui éliminent la cause fondamentale du vieillissement, elles rattraperont les Japonais en un rien de temps.

## *Un futur radieux*

Je vois très bien les fabricants de boissons gazeuses sortir des boissons à fort pH et distribuer de l'eau alcaline en bouteille de verre. J'espère vivre le jour où les compagnies d'assurance santé et d'assurance vie accorderont des baisses de tarifs aux clients possédant des appareils à fabriquer de l'eau alcaline et autres dispositifs améliorant la santé. Je vois également se développer une industrie toute nouvelle appliquant la théorie des O.I.L. et des aimants. Le concept du conditionnement de l'air d'une pièce pour optimiser l'environnement ouvrira de nouvelles voies à l'industrie du bâtiment. Toute entreprise intéressée par le développement de produits futuristes devrait s'intéresser à ces domaines.

D'autres confins de la Science sont à explorer : la synthèse de la nourriture en partant de l'air où se retrouvent en quantité les quatre éléments de base de l'alimentation (carbone, azote, hydrogène et oxygène). Cela supprimerait le dioxyde de carbone de l'air et résoudrait le problème de l'effet de serre. Si ce procédé pouvait s'appliquer à l'eau, les minéraux inorganiques de l'eau pourraient être combinés aux aliments synthétiques.

Nous vivons une ère passionnante. La guerre froide est terminée et les problèmes du Moyen-Orient ont uni le reste du monde civilisé. Bien que nous continuions à rouler sur des autoroutes et des voies express, nous ne vivons plus dans la hantise de l'holocauste nucléaire. Les gens s'intéressent à la santé et à la longévité. Heureusement pour nous, il existe maintenant des solutions scientifiques sensées qui ne nécessitent pas d'effort spécial, comme l'exigent les régimes ou l'exercice. Tout ce dont nous avons besoin, c'est d'avoir l'esprit ouvert et le courage d'agir.

## *Post-scriptum*

### *Êtes-vous médecin ?*

Il y a quelque temps, alors que j'allais chercher quelqu'un à l'aéroport international de Miami et que je venais de garer ma voiture au parking, je poussais un caddie à bagage vide sur un passage piéton traversant une voie de circulation assez dense. Arrive alors une conductrice qui tente de garer sa voiture sur le passage piéton devant moi. Je lui dis : « Madame, vous bloquez le passage ». Elle me regarda et rétorqua : « Vous travaillez ici ? ». Je lui répondis : « Quelle différence cela fait-il ? ». Elle réfléchit un moment, puis repartit sans un mot.

Les gens me demandent souvent : « Êtes-vous médecin ? ». Je leur réponds que non et j'ajoute : « Quelle différence cela fait-il ? ».

Les gens intelligents se font une opinion en évaluant l'information qui leur est donnée. Ce sont les personnes inintelligentes qui me demandent si je suis médecin ou non parce qu'ils ne sont pas capables de décider par eux-mêmes en fonction de faits simples. Mais ils prendront au mot ce que dira un médecin même si celui-ci ne connaît rien au sujet.

J'ai écrit ce livre le plus simplement possible. Il y a quelques équations chimiques, mais elles ne sont là que pour vous confirmer leur exactitude scientifique sans pour autant vous obliger à les connaître par coeur. Ce n'est pas le plus important.

### *Faits importants à retenir*

Ce qu'il est important de savoir, c'est que nous vieillissons parce que nous accumulons les déchets acides. Donc, si nous nous en débarrassons, et particulièrement les plus anciens, nous pouvons inverser le processus de vieillissement. Nous pouvons même éliminer les symptômes des maladies d'adultes par ces méthodes si aucun dégât irréversible n'a déjà été causé.

Le problème est que le processus de vieillissement est lent et que notre corps s'y adapte, de telle manière que nous ne remarquons pas le fait que nous devenons vieux. A mesure que le temps passe, il se peut que nous notions le ralentissement dû aux effets du manque d'oxygène, mais nous estimons que nous nous sentons en super forme du moment que nous n'avons PAS MAL. Et nous nous ajustons à un style de vie plus lent, parfaitement satisfaits, jusqu'à ce que le déficit d'oxygène se manifeste finalement par des maladies majeures catastrophiques. Quand finalement nous ressentons la douleur due à l'accumulation d'acides, les dégâts sont déjà sévères. Souvent, ils sont irréversibles. Il faut démarrer le processus de réduction des déchets acides *avant* que la douleur ne débute.

Les régimes et l'exercice sont utiles dans une certaine mesure, mais il y a des appareils conçus au Japon qui peuvent aider à se débarrasser plus facilement et sans efforts des toxines acides accumulées. Les personnes infirmes ou âgées ne peuvent pas faire d'exercice sans risque. Ces appareils fonctionnent même si vous êtes très occupé, ou très paresseux. Tout comme avec les régimes et l'exercice, les résultats ne viennent pas en un tournemain; mais là où ils sont les plus rapides, c'est avec les méthodes utilisant des procédés naturels.

### *Mieux qu'une assurance vie ou une complémentaire santé*

Les assurances ne prolongent pas la vie, n'éliminent pas les problèmes de santé. Elles payent quand vous mourez ou que vous allez à l'hôpital. En général, c'est trop tard pour vous faire du bien. Et elles arrêtent de payer lorsque les frais d'hospitalisation exorbitants dépassent la limite de couverture.

### *Savoir et agir*

Au début de ce chapitre, j'ai dit que le premier pas vers l'inversion du vieillissement était d'en comprendre la cause  et le mécanisme. Toutefois, savoir que l'eau alcaline vous aidera à disposer des déchets acides ne vous aidera que si vous en buvez vous-même.

Beaucoup de gens que je connais sont habiles intellectuellement, mais ne savent pas comment mettre en application leur savoir par des actes. L'effet sur eux est le même que s'ils ne savaient rien.

### *Nous causons notre propre ruine*

Dans une société libre, nous contrôlons notre propre destinée. Après que tout ait été dit et fait, c'est à vous de décider si vous allez vivre une longue vie en bonne santé ou non. Les sommes d'argent que les gens dépensent en automobiles, en appareils de loisirs et autres sont si importantes que l'excuse du « cela coûte trop cher » ne tient pas la route. C'est notre esprit fermé qui est notre propre ruine.

Mon frère, le Dr Benjamin Whang, travaille pour le gouvernement des États-unis dans la conception de sous-marins nucléaires. Un été, il passa plusieurs mois dans les îles du Pacifique avec un groupe de neurochirurgiens. A son retour, il me rapporta une histoire que l'un des chirurgiens lui avait racontée.

Durant la Révolution française, des milliers de personnes avaient été condamnées à avoir la tête tranchée. Un groupe de neurochirurgiens se livra à une expérimentation massive avec les victimes. L'expérience consistait à tenter de communiquer avec la tête après qu'elle fut séparée du corps. Les familles des victimes étaient dédommagées de leur coopération volontaire à cette expérimentation.

La formulation des questions devait être telle que l'on puisse y répondre par oui ou par non. Pour *oui*, l'œil se fermait une fois et pour *non*, deux fois (J'ajouterais une condition : que la réponse *peut-être* soit un clin d'œil). Il parait que le rapport complet est dans les archives historiques des neurochirurgiens. Je ne me souviens pas de tous les détails de l'histoire tels que mon frère me les a racontés, mais certains d'entre eux étaient tellement surprenants qu'ils m'ont interpellés et que je ne les oublierai jamais de la vie.

Les médecins passèrent de nombreuses heures avec les volontaires et leurs familles pour préparer une longue liste de questions afin de s'assurer qu'ils n'en manqueraient pas. Les chirurgiens restaient avec les victimes jusqu'à la dernière minute avant l'exécution et posaient à chacune d'entre elles la même question juste avant que leur tête ne fût tranchée : « Pensez-vous pouvoir répondre aux questions après que votre tête aura été tranchée ? ». Il y avait plusieurs sortes de réponses. « Oui », « Je ne sais pas, mais je vais essayer », « Pourquoi pas ? » ou bien « Je ne pense pas pouvoir ». Tous ceux qui ont dit qu'ils ne pourraient pas répondre n'ont pas pu répondre à une seule question.

La première question posée après la mutilation était : « Ressentez-vous de la douleur ? ». Tous ceux qui ont répondu ont dit « Non ». La durée maximum de la conversation qui a pu être tenue fut de trois minutes et demie. Ils ne savaient pas si cela signifiait que la tête ne pouvait plus entendre ou que l'œil ne pouvait plus se fermer. Lorsque des questions impliquant une émotion était posées, les yeux pleuraient, même. Les neurochirurgiens sont certains que vos émotions ne sont pas dans votre cœur mais dans votre cerveau.

La morale de cette histoire est que si votre esprit est fermé, vous ne pouvez rien faire. Vous passez à côté de plein de choses dans la vie. Vous causez votre propre ruine. Parmi ceux qui sont en train de lire ce livre, il y en a qui vont inverser leur âge et vivre longtemps et en bonne santé, et il y en a qui ne vont rien faire, et continueront à détériorer sans raison leur corps. C'est vous qui voyez.

## *L'histoire se répète*

Lorsqu'un concept ou une institution débute, cela commence simplement, avec une direction claire. A mesure que le temps passe, le nombre de ceux qui suivent le concept et la taille de l'institution s'accroît et les choses deviennent inévitablement plus compliquées et confuses. Cela devient parfois si compliqué que leur objet, leur direction se perdent. Alors quelqu'un apparaît avec un concept meilleur et plus simple. Quand cela arrive, la réponse typique de l'institution établie est de discréditer le nouveau concept ou l'individu. Seule l'histoire pourra juger de la validité de ce nouveau concept.

Le pacte d'origine entre Dieu et les juifs consistait en une simple liste de dix commandements. Pourtant, du temps de Jésus-Christ, les juifs avaient des règles difficiles, fastidieuses et compliquées pour atteindre le salut. Jésus les simplifia. Il rendit cela si simple qu'il fut accusé de blasphème et fut finalement crucifié. Ce fut sa résurrection qui convainquit finalement de nombreux fidèles, y compris ses propres disciples, qu'il était le vrai Fils de Dieu.

Puis l'Église qui fut mise en place par les disciples de Jésus grandit en taille et en complication à tel point qu'à l'époque de Martin Luther elle commença à s'écarter du concept d'origine du salut par l'état de grâce. Il fallut que Martin Luther et ses collègues lancent le mouvement Protestant pour que l'Église en revienne aux notions de base. Il fallut plusieurs siècles à l'Église catholique romaine pour reconnaître la validité des églises protestantes.

Nombre de dirigeants de gouvernement ont fait montre des mêmes caractéristiques. Au départ ils étaient animés d'un patriotisme vibrant, mais à mesure que les assises de leur puissance s'élargissaient, leur intérêt a divergé vers d'autres causes.

Il a fallu plusieurs décades pour que l'American Medical Association accepte le principe des vitamines et des régimes comme moyen d'améliorer la santé. Mais comme l'industrie de l'alimentaire santé s'est développée, c'est devenu une affaire florissante. Maintenant, les opinions sont diverses suivant la ligne de produit qu'elles représentent. Il est intéressant de noter que le groupe de gens qui recommandent les aliments alcalins pour la bonne santé affirme avec insistance que l'eau distillée ou l'eau filtrée par osmose inversée est meilleure que l'eau alcaline. On se demande s'ils savent de quoi ils parlent ou s'ils s'intéressent seulement à l'argent que l'on peut gagner dans le business de l'alimentaire santé.

L'extrême spécialisation actuelle de la médecine et le côté compliqué des régimes rend difficile pour un profane la compréhension de ce qui se passe dans le domaine de la santé. Selon ma théorie sur le vieillissement et son inversion, il est simple d'améliorer sa santé et de vivre plus longtemps. Si simple, j'en suis sûr, que la plupart des médecins et des diététiciens traditionnels vont essayer de me discréditer en me demandant : « Êtes-vous médecin ? » ou bien « Avez-vous fait des tests de contrôle en double aveugle ? ». Ma réponse à la première question serait : « Quelle différence cela fait-il ? » et pour la seconde «La neutralisation des acides par les composés alcalins est de la science pure ; elle ne nécessite pas de test en double aveugle ».

Comme je l'ai suggéré plus tôt, quiconque douterait pourrait demander à un laboratoire indépendant de se livrer à des tests de longévité sur trois groupes de souris de même âge et de même condition de santé. Le test serait fait avec trois eaux différentes, une alcaline, une distillée et une acide ou un soda-cola, en maintenant les autres conditions égales. Vous pouvez deviner quel groupe va vivre le plus longtemps et lequel aura la vie la plus courte. Tôt ou tard, le temps convaincra le monde entier.

# Bibliographie

AIHARA, Herman, *Acid & Alkaline*, George Ohsawa Macrobiotic Foundation, Oroville, CA, 1986.

American Medical Association, *The Family Medical Guide*, Random House, New York, 1982.

BACKSTER, Cleve, *Evidence of a Primary Perception in Plant Life*, International Journal of Parapsychology, Volume X, Number 4, Winter, 1968.

BECKER, Robert et El, *Body Electric*, William Morrow, New York, 1985.

BEGLEY, Sharon, et El, *The Search for the Fountain of Youth*, Newsweek, New York, March 5, 1990.

BOLTON, Brett, *Edgar Cayce Speaks*, Avon Books, New York, 1969.

CARQUE, Otto, *Vital Facts about Foods*, Natural Brands, Los Angeles, 1933.

CARRELL, Alexia, *Man, The Unknown*, Harper, New York, 1935.

CHOI, Kyu Wan, *Ionized Water & Digestive Diseases*, Korea Applied Science Research Center For Water, Seoul, Korea,1989.

CHUN, Moo Shik, *Water and Health*, Korea Applied Science Research Center For Water, Seoul, Korea, 1989.

DAVIS, Adelle, *Let's get well*, Harcourt, Brace & World, New York, 1965.

EGAWA, Yoshinobu, *Up to date with far infrared Wave*, Man and History Co., Tokyo, Japan, 1988.

EMILIANI, Cesare, *The Scientific Companion*, John Wiley & Sons, Inc., 1988.

GUYTON, Arthur, M.D., *Textbook of Medical Physiology*, W.B. Saunders Co., Philadelphia, 1956.

HENDLER, Shelton Saul, M.D., *The Oxygen Breakthrough – 30 Days to an Illness-Free Life*, William Morrow & Co., New York, NY, 1989.

Japan Government Publication, *Table of Health Treatment Devices, Category Classification and Affectivity*, Division of Drug Administration, Health & Rehabilitation Department, Tokyo, Japan. Original Publication, Oct., 1965. Latest Edition, March, 1985.

KONNO, Kazuyoshi, *The Age of far infrared Wave*, Man and History Co., Tokyo, Japan, 1986.

MCCABE, Ed, *$O_2$xygen Therapies*, Energy Publications,

MCGRAW, Walter, *Please don't hurt the Daisies*, Fate Magazine, 1969.

NAKAGAWA, Kyoichi, *Magnetic Field Deficiency Syndrome and Magnetic Treatment*, Japan Medical Journal, Tokyo Japan, 1976.

OKAI, Hajime, *Earth Sciences*, Kyorin University, Japan.

SANO, Y. M., *About the ionized Water*, Korea Applied Science Research center For Water, Seoul, Korea, 1989.

SIMMONS, John, *Is the Sand of Time Sugar?*, Longevity, New York, June, 1990.

SUNG, Bong, *History of Alkaline Water Maker*, Seoul, Korea, 1985.

— *Doctors speak about Alkaline Water Clinical Treatment Cases*, Seoul, Korea, 1985.

TOMPKINS, Peter & Bird, Christopher, *The secret life of Plants*, Harper & Row, New York, 1973.

U.S. Government Printing Office, Washington D.C., *The Yearbook of Agriculture*, 1959.

WARBURG, Otto, *The Metabolism of Tumors*, Constable and Co., London, England, 1930.

WHANG, Sang, *Amazing Facts about Health & Water*, Sang Whang Enterprises, Inc., Miami, FL, 1988.

YAMAZAKI, Toshiko, *Science of far infrared Wave Therapies*, Man and History Co., Tokyo, Japan, 1987.

# Table des matières

Achevé d'imprimer en octobre 2008
par Sagim-Canale, Courtry

*Imprimé en France*

L'imprimerie Sagim-Canale est titulaire
de la marque Imprim'vert® depuis 2004

Dépôt légal : octobre 2008

N° d'impression : 11047

Éditions Alphée
28, rue Comte-Félix-Gastaldi
Monaco